浙江文化研究工程成果文庫

浙江文獻集成

天台山記

〔唐〕徐靈府 撰

天台勝蹟録

〔明〕潘瑊 纂

胡正武 校點

浙江大學出版社

本書係浙江文獻集成重點項目成果，台州學院天台山文化研究系列之一，由台州學院國家級特色專業「漢語言文學」建設經費資助出版。

浙江省文化研究工程指導委員會

主　任　趙洪祝

副主任　夏寶龍　王國平　巴音朝魯　李　強

　　　　黃坤明　鄭繼偉　張　曦

成　員　胡慶國　馬林雲　陳一新　胡　堅

　　　　金興盛　劉希平　錢巨炎　樂益民

　　　　楊建新　鍾桂松　陳　榮　林呂建

　　　　鄭倉元　童　健　胡祖光　梅新林

　　　　許　江　邵占維　張金如　陳德榮

　　　　孫文友　徐止平　孫建國　梁黎明

　　　　張鴻銘　陳榮高

浙江文獻集成編纂中心工作委員會

浙江文化研究工程成果文庫總序

習近平

有人將文化比作一條來自老祖宗而又流向未來的河，這是説文化的傳統，通過縱向傳承和横向傳遞，生生不息地影響和引領着人們的生存與發展； 有人説文化是人類的思想、智慧、信仰、情感和生活的載體、方式和方法，這是將文化作爲人們代代相傳的生活方式的整體。我們説，文化爲群體生活提供規範、方式與環境，文化通過傳承爲社會進步發揮基礎作用，文化會促進或制約經濟乃至整個社會的發展。文化的力量，已經深深熔鑄在民族的生命力、創造力和凝聚力之中。

在人類文化演化的進程中，各種文化都在其内部生成衆多的元素、層次與類型，由此決定了文化的多樣性與複雜性。

中國文化的博大精深，來源於其内部生成的多姿多彩； 中國文化的歷久彌新，取決於其變遷過程中各種元素、層次、類型在内容和結構上通過碰撞、解構、融合而産生的革故鼎新的强大動力。

中國土地廣袤、疆域遼闊，不同區域間因自然環境、經濟環境、社會環境等諸多方面的差異，建構了不同的區域文化。區域文化如同百川歸海，共同匯聚成中國文化的大傳統，這種大傳統如同春風化雨，滲透於各種區域文化之中。在這個過程中，區域文化如同清溪山泉潺潺不息，在中國文化的共同價值取向下，以自己的獨特個性支撑着、引領着本地經濟社會的發展。

從區域文化入手，對一地文化的歷史與現狀展開全面、系統、扎實、有序的研究，一方面可以借此梳理和弘揚當地的歷史傳統和文化資源，繁榮和豐富當代的先進文化建設活動，規劃和指導未來的文化發展藍圖，增強文化軟實力，爲全面建設小康社會、加快推進社會主義現代化提供思想保証、精神動力、智力支持和輿論力量；另一方面，這也是深入瞭解中國文化、研究中國文化、發展中國文化、創新中國文化的重要途徑之一。如今，區域文化研究日益受到各地重視，成爲我國文化研究走向深入的一個重要標誌。我們今天實施浙江文化研究工程，其目的和意義也在於此。

千百年來，浙江人民積澱和傳承了一個底蘊深厚的文化傳統。這種文化傳統的獨特性，正在於它令人驚嘆的富於創造力的智慧和力量。浙江文化中富於創造力的基因，早早地出現在其歷史的源頭。在浙江新石器時代最爲著名的跨湖橋、河姆渡、馬家浜和良渚的考古文化中，浙江先民們都以不同凡響的作爲，在中華民族的文明之源留下了創造和進步的印記。

浙江人民在與時俱進的歷史軌迹上一路走來，秉承富於創造力的文化傳統，這深深地融會在一代代浙江人民的血液中，體現在浙江人民的行爲上，也在浙江歷史上衆多傑出人物身上得到充分展示。從大禹的因勢利導、敬業治水，到勾踐的卧薪嘗膽、勵精圖治；從錢氏的保境安民、納土歸宋，到胡則的爲官一任、造福一方；從岳飛、于謙的精忠報國、清白一生，到方孝孺、張蒼水的剛正不阿、以身殉國；從沈括的博學多識、精研深究，到竺可楨的科學救國、求是一生；無論是陳亮、葉適的經世致用，還是黄宗羲的工商皆本；無論是王充、王陽明的批判、自覺，還是龔自珍、蔡元培的開明、開放，等等，都展示了浙江深厚的文化底蘊，凝聚了浙江人民求真務實的創造精神。代代相傳的文化創造的作爲和精神，從觀念、態度、行爲方式和價值取向上，孕育、形成和發展了淵源有自的浙江地域文化傳統和與時俱進的浙江文化精神，她滋育着浙江的生命力、催生着浙江的凝聚力、激發着浙江的創造力，培植着浙江的競争力，激勵着浙江人民永不自滿、永不停息，在各個不同的歷史時期不斷地超越自我、創業奮進。悠久深厚、意蘊豐富的浙江文化傳統，是歷史賜予我們的寶貴財富，也是我們開拓未來的豐富資源和不竭動力。黨的十六大以來推進浙江新發展的實踐，使我們越來越深刻地認識到，與國家實施改革開放大政方針相伴隨的浙江經濟社會持續快速健康發展的深層原因，就在於浙江深厚的文化底蘊和文化傳統與當今時代精神的有機結合，就在於發展先進生產力與發展先進文化的有機結合。今後一個時期浙江能否在全面建設小康社會、加快社會主義現代化建設進程中繼續走在前列，很大程度上取決於我們對文化力量的深刻認識、對發展先進文化的高度自覺和對加快建設文化大省的工作力度。我們應該看到，文化的力量最終可以轉化爲物質的力量，文化的軟實力最終可以轉化爲經濟的硬實力。文化要素是綜合競争力的核心要素，文化資源是經濟社會發展的重要資源，文化素質是領導者和勞動者的首要素質。因此，研究浙江文化的歷史與現狀，增強文化軟實力，爲浙江的現代化建設服務，是浙江人民的共同事業，也是浙江各級黨委、政府的重要使命和責任。

二〇〇五年七月召開的中共浙江省委十一届八次全會，作出《關於加快建設文化大省的決定》，提出要從增強先進文化凝聚力、解放和發展生產力、增強社會公共服務能力入手，大力實施文明素質工程、文化精品工程、文化研究工程、文化保護工程、文化產業促進工程、文化陣地工程、文化傳播工程、文化人才工程等「八項工程」，實施科教興國和人才強國戰略，加快建設教育、科技、衛生、體育等「四個強省」。作爲文化建設「八項工程」之一的文化研究工程，其任務就是系統研究浙江文化的歷史成就和當代發展，深入挖掘浙江文化底蘊、研究浙江現象、總結浙江經驗、指導浙江未來的發展。

浙江文化研究工程將重點研究「今、古、人、文」四個方面，即圍繞浙江當代發展問題研究、浙江歷史文化專題研究、浙江名人研究、浙江歷史文獻整理四大板塊，開展系統研究，出版系列叢書。在研究內容上，深入挖掘浙江文化底蘊，系統梳理和分析浙江歷史文化的內部結構、變化規律和地域特色，堅持和發展浙江精神； 研究浙江文化與其他地域文化的異同，釐清浙江文化在中國文化中的地位和相互影響的關係； 圍繞浙江生動的當代實踐，深入解讀浙江現象，總結浙江經驗，指導浙江發展。在研究力量上，通過課題組織、出版資助、重點研究基地建設、加強省內外大院名校合作、整合各地各部門力量等途徑，形成上下聯動、學界互動的整體合力。在成果運用上，注重研究成果的學術價值和應用價值，充分發揮其認識世界、傳承文明、創新理論、咨政育人、服務社會的重要作用。

我們希望通過實施浙江文化研究工程，努力用浙江歷史教育浙江人民、用浙江文化熏陶浙江人民、用浙江精神鼓舞浙江人民、用浙江經驗引領浙江人民，進一步激發浙江人民的無窮智慧和偉大創造能力，推動浙江實現又快又好發展。

今天，我們踏着來自歷史的河流，受着一方百姓的期許，理應負起使命，至誠奉獻，讓我們的文化綿延不絕，讓我們的創造生生不息。

二〇〇六年五月三十日於杭州

《浙江文化研究工程》序

趙洪祝

浙江是中國古代文明的發祥地之一，歷史悠久、人文薈萃，素稱「文物之邦」，從史前文化到古代文明，從近代變革到當代發展，都爲中華民族留下了衆多彌足珍貴的文化遺産。勤勞智慧的浙江人民歷經千百年的傳承與創新，在保留自身文化特質的基礎上，兼收並蓄外來文化的精華，形成了具有鮮明浙江特色、深厚歷史底藴、豐富思想内涵的地域文化，這是浙江人民共同創造的物質財富和精神財富的結晶，是中華文化中的一朵奇葩。如何更好地使這一文化瑰寶爲我們所用、爲時代服務，既是歷史傳承給我們的一項艱巨任務，也是時代賦予我們的一項神聖使命。深入挖掘、整理、探究，不斷豐富、發展、創新浙江地域文化，對於進一步充實浙江文化的内涵和拓展浙江文化的外延，進一步增强浙江文化的創新能力、整體實力、綜合競争力，進一步發揮文化在促進浙江經濟、政治和社會建設的作用，具有重要的現實意義和深遠的歷史意義。

改革開放以來，歷届浙江省委始終高度重視社會主義文化建設。早在一九九九年，浙江省委就提出了建設文化大省的目標；二〇〇〇年，制定了《浙江省建設文化大省綱要》；二〇〇五年，作出了《關於加快建設文化大省的決定》，經過全省上下的共同努力，浙江文化大省建設取得了顯著成效。

浙江文化研究工程是浙江文化建設「八項工程」的重要内容之一，也是迄今爲止國内最大的地方文化研究項目之一。該工程旨在以浙江人文社會科學優勢學科爲基礎，以浙江改革開放與現代化建設中的重大理論、現實課題和浙江歷史文化爲研究重點，着重從「今、古、人、文」四個方面，梳理浙江文明的傳承脈絡，挖掘浙江文化的深厚底藴，豐富與時俱進的浙江精神，推出一批在研究浙江和宣傳浙江方面具有重大學術影響和良好社會效益的學術成果，培養一支擁有高水平學科帶頭人的學術梯隊，建設一批具有浙江特色的「當代浙江學術」品牌，進一步繁榮和發展哲學社會科學，提升浙江的文化軟實力，爲浙江全面建設惠及全省人民的小康社會和實現社會主義現代化，提供强大的精神動力、正確的價值導向和有力的智力支持，爲提升浙江文化影響力、豐富中華文化寶庫作出貢獻。

浙江文化研究工程開展三年來，專家學者們潛心研究，善於思考，勇於創新，在浙江當代發展問題研究、浙江歷史文化專題研究、浙江名人研究、浙江歷史文獻整理等諸多研究領域都取得了重要成果，已設立十餘個系列四百餘項研究課題，完成二百三十項課題研究，出版二百餘部學術專著，發表大量的學術論文，産生了廣泛而深遠的社會影響。這些階段性成果，對於加快建設文化大省提供了新的支撑力和推動力。

黨的十七大突出强調了加强文化建設、提高國家文化軟實力的極端重要性，并對興起社會主義文化建設新高潮、推動社會主義文化大發展大繁榮作出了全面部署。爲深入貫徹落實黨的十七大精神，浙江省第十二次黨代會提出「創業富民、創新强省」總戰略，并堅持把建設先進文化作爲推進創業創新的重要支撑。二〇〇八年五月，省委召開工作會議，對興起文化大省建設新高潮、推動浙江社會主義文化大發展大繁榮進行專題部署，制定實施了《浙江省推動文化大發展大繁榮綱要（二〇〇八至二〇一二）》，明確提出：今後一個時期我省興起文化大省建設新高潮、推動文化大發展大繁榮的主要任務是，在加快建設教育强省、科技强省、衛生强省、體育强省的同時，繼續深入實施文明素質工程、文化精品工程、文化研究工程、文化保護工程、文化産業促進工程、文化陣地工程、文化傳播工程、文化人才工程等文化建設「八項工程」，着力建設社會主義核心價值體系、公共文化服務體系、文化産業發展體系等「三大體系」，努力使我省文化發展水平與經濟社會發展水平相適應，在文化建設方面繼續走在前列。

當前，浙江文化建設正站在一個新的歷史起點上，既面臨千載難逢的機遇，也面對十分嚴峻的挑戰。如何抓住機遇，迎接挑戰，始終保持浙江文化旺盛的生命力，更好地發揮文化軟實力的重要作用，是需要我們認真研究、不斷探索的重大新課題。我們要按照科學發展觀的要求，全面實施「創業富民、創新强省」總戰略，以更深刻的認識、更開闊的思路、更得力的措施，大力推進浙江文化研究工程，努力回答浙江經濟、政治、文化、社會建設和黨的建設遇到的各種新問題，努力回答干部群衆普遍關心的熱點問題，努力形成一批有較高學術價值和社會效益的研究成果。

繼續推進浙江文化研究工程，是一件功在當代、利在千秋的事業。我們熱切地期待有更多的優秀成果問世，以展示浙江文化的實力，增强浙江文化的競争力，擴大浙江文化的影響力。

二〇〇八年九月十日於杭州

目録

卷二

卷三

卷四

桃源洞

天台山記

〔唐〕徐靈府 撰

校點説明

胡正武

唐朝道士徐靈府所撰《天台山記》頗爲當時和後世文人所稱引祖述，於浙東名山文化而言亦屬素乎盛名之作。此書不僅記載天台山自然地理風貌，而且以較多筆墨記敘山上教觀道場等宗教建築與宗教人士事蹟，故於浙東名山宗教研究，尤其是道教亦屬不可忽視之文獻。

徐靈府（七五九至八四二）號默希子，唐錢塘天目山（今浙江臨安）人。以前史料多稱爲錢塘人，乃是舉其郡名，宋潛説友《咸淳臨安志》載徐氏爲「錢塘天目山人」，則係稱其鄉里。據此可知徐靈府里貫實爲今杭州臨安。徐靈府早通儒學，大概是科舉考試落第，仕途無望，然後出家修道。起先在南嶽衡山，後來隱居天台山二十餘年，直到唐會昌初年唐武宗即位，下令地方長官屢加徵召，徐氏自以樂於天台修煉，逍遥自在，作詩明志，屢辭皇命，遂「絶粒久之，凝寂而化」。徐氏之來天台，據其自述是從南嶽衡山過來，而《浙江通志》則稱爲「由天目趨天台」，則自當以徐靈府自述爲準，《浙江通志》之説，不過是以徐氏天目山人耳。其在天台修煉之所，主要地點爲雲蓋峯，即所謂「方瀛」，徐氏自述「自衡嶽移居台嶺，定室方瀛」，宋陳耆卿《赤城志》卷三五《人物門》四云：「徐靈府……居天台雲蓋峯，目爲方瀛，以修鍊自樂。」與其自述符合。徐靈府命名爲「方瀛」，即視爲神話傳説中海上三仙山方丈、蓬萊、瀛洲也。可見徐氏之喜愛天台山，良有以也。而後來撰作《天台山記》，亦以此前因也。其隱居天台山時間之始末，《臨安志》稱徐靈府是在唐憲宗元和年間，隱居十餘年。而《浙江通志》卷一九八《仙釋》則稱徐靈府「由天目趨天台，憩雲蓋二十餘年。俄結廬層石，屬睇松竹，外環池島，名以方瀛，修煉其間。作言志詩，辭武宗之徵，絶粒久之，凝寂而化。」兩者時間長短出入較大，據《天台山記》中自述行跡：「靈府以元和十年（八一五）自衡嶽移居台嶺，定室方瀛，至寳曆初歲（八二五），已逾再閏」，已經明確其來天台山之上限。而其下限，則以辭唐武宗（八四一至八四六年在位）即位之初徵召而絶粒。若以唐元和十年徐靈府入天台山修道，而以武宗即位初絶粒寂化，則爲時至少二十六年，《浙江通志·仙釋》引《西天目志》稱徐靈府隱居天台山二十餘年，與上述諸書及其自述所載最爲接近。徐靈府生卒，據《歷世真仙通鑒》稱「年至八十二歲，凝寂而化」，《臨安志》述其卒年爲「會昌初，武宗詔浙東廉使起之，辭不復出，後遂絶粒」，皆與前述《赤城志》等合，則上推之八十二年爲當生於唐肅宗乾元二年（七五九）。《道藏目録詳注》中稱「唐玄宗時有徵士徐靈府隱修衡嶽，注《文子》之書上進，遂封『通玄真人』，號其書爲《通玄經》」，恐屬「故神其説」以眩人耳目。徐在天台山之事蹟，除撰述《天台山記》等外，值得推崇者尚有修葺著名道場桐柏觀之舉，《浙江通志》卷二三二《寺觀》稱天台山桐柏觀於「太和（八二七至八三五）咸通中道士徐靈府葉藏質新之」。宋陳思《寶刻叢編》卷一三《唐修桐柏宮碑》載：「唐浙東團練觀察使越州刺史元積撰并書，台州刺史顔顒篆額。桐栢宫以景雲中建，道士徐靈府等重葺。碑以太和四年四月立。」此碑文元稹交代其寫作之緣起：「歲太和己酉（太和三年，八二九），修桐栢觀訖事，道士徐靈府以其狀乞文於余。」徐靈府學養深厚，勤於文字，在道教史上居於較高之地位，明朝胡應麟《少室山房筆叢》卷二二「道之博於經方且饒論述者」條將徐靈府與唐朝司馬承禎、王遠知、成玄英等並舉。徐氏在浙東佈道，影響深遠，在當時就聲名遐播，據唐趙璘《因話録》卷四載：「元和初，南嶽道士田良逸、蔣含弘皆道業絶高，遠近欽敬，時號田蔣……桐柏山陳寡言、徐靈府、馮雲翼三人皆田之弟子也……陳徐在東南，品第比田蔣。」可見徐靈府先前到南嶽學道，既有師承之因；後來轉赴天台，益證弘道之功也。《天台山記》一書總述天台山之來歷，引經據典，讚美其山水之神秀，然後分述天台山各處之自然景觀與人文勝跡，詳細記敘其方位與路徑里程，人物逸事，仙靈異跡，神話傳説等等。非浸潤於天台，跋涉於晨夕者不能道此也。雖以記敘道教勝跡爲主，然涉及佛教寺院與人物事蹟，不以宗教門户爲限也。徐氏寫作此書係「修真之暇，聊採經誥以述斯記，用彰靈焉」，目的還是想彰顯仙靈事蹟。全書文字優美，記敘生動，較有條理。徐氏流傳於世之著述尚有《玄鑒》《文子注》《三洞要略》等數種，另宋人整理《莊子》（道教稱爲《南華經》）有「景德四年……天台山方瀛宫藏本，徐靈府校，成玄英解疏」之珍貴版本，從中可見徐靈府對於道教經典研習之造詣。然徐氏在天台山之著述主要有本書及爲詩人寒山子詩集所作《寒山子集序》。另有一種被引用者稱爲「徐靈府《小録》」，按當時引用《天台山記》即稱爲「徐靈府《記》」之例，則其名當爲《天台山小録》，亦頗爲後來文人所徵引，然就其引文内容而言，實多與《天台山記》一致，也有少量不同，疑爲《天台山記》之别構，或者基於《天台山記》而作之地志耳。

徐氏《天台山記》似早已失傳於國内，唯有東瀛尚保留此書于鈔本，目前所見者爲晚清黎庶昌出使日本時所訪得，原爲日本京都帝國大學圖書館藏本，收入徐氏《古逸叢書》中，此後各本均從《古逸叢書》出。較重要者有清末陸心源《唐文拾遺》所收《天台山記》（以下簡稱陸本），今人周紹良主編《全唐文新編》所收《天台山記》（以下簡稱周本），而周本實從陸本出，唯略有釐正耳。此次整理本書，採用中華書局一九八五年版《叢書集成》初編第一九八八册唐徐靈府《天台山記》爲底本，而以清陸心源《唐文拾遺》（清董誥等纂《全唐文》，上海古籍出版社一九九〇年十二月版）和周紹良主編《全唐文新編》（吉林文史出版社二〇〇〇年十二月版）爲校本。底本即《古逸叢書》所收《天台山記》之影印本，保留原貌，係毛筆手書，正文三十六葉，合末葉書題爲三十七葉，每葉八行，行十七到十九字（不含注文）不等。書寫者（校勘記中或稱爲鈔胥，實爲日本鈔胥）熟於書法，於字形每多存手書特點，如「北」

之與「此」不分，有「特」之作「持」，從土從玉亦每相混，如「璧」與「壁」常相混淆； 增筆減筆亦常見，如土字每加一點，「幾頃田」之「頃」一律作「傾」，夾字加人旁作「俠」（易誤讀作「俠客」之俠）； 苟字多省作苛，號字多略去虎旁； 亦有字形相近書寫訛誤者，如丈字誤作犬、宋字誤作宗、徒字誤作從，靈墟之誤作靈塘、煉丹之作練丹、常典之誤作常興、太常卿之誤作太當卿等； 既有脱文，如「故賦云：『藉萋萋纖草，蔭落落之長松。』」萋萋後脱一「之」字； 也有衍文，如「前有池塘，廣數敏畝」之「敏」字、「洪波不登，三災黄莫至」之「黄」字等，皆爲手書訛誤之特徵。 如此種種，校點時凡原文通順者概不作校勘，凡原文不通順或者字句意義有誤、字形難以辨識者，若其文字係引自前人之書者，則採用所引原書校勘，如「藉萋萋纖草，蔭落落之長松」出自東晉孫綽《天台山賦》，據孫賦補前句所脱「之」字；其文字爲後人所引用者，則採用後人之書進行讎校，如「南馳縉雲，北接四明，東拒溟渤，西通剡川」句中「渤」字原寫作「澂」字，文意頗爲不順，而此段文字爲後來《赤城志》等所引用，乃據《赤城志》改正；其字形難以辨識解讀者，則據上下文校核確定外，查書法字典等加以隸定，如「有若蛟螭潛隱之鼓怒」之「蛟」字原作蚗，義不可通，据江蘇廣陵古籍刻印社《王羲之行書字典》所引《周孝侯碑》「蛟」字正。此便是日本鈔胥形模而失真之例。 又如「恠石嵚巖」之「嵚巖」本難以辨識，據符定一《聯緜字典》岑巖條之或體一作「嵚巖」而得解讀，其義方涣然冰釋。 同時校點中也發現原文存在某些錯誤，如稱「隱真之中峯觀」「即唐睿宗景龍二年爲白雲先生所置」云云，實則唐睿宗僅用景雲年號，景龍年號乃唐中宗之第二個年號，顯然屬於原作之混訛，或者鈔胥之筆誤。

由於校點者才疏學淺，掛一漏萬，誠所不免。 深望方家通人有以教之。

公元二〇〇七年九月於台州學院

天台山記

〔唐〕徐靈府 撰

孫綽云：「涉海則有方丈蓬萊，登陸則有四明天台。」信矣哉！蓋寰瀛之靈墟[一]，三清之別館。按《真誥》云：「天台山高一萬八千丈，周迴八百里。山有八重，四面如一。當牛斗之分，以其上應台宿，光輔紫宸，故名天台。亦曰桐柏、棲山。」陶隱居《登真隱訣》云：「大少台處五縣中央，即餘姚、臨海、唐興、句章、剡縣是。大小台乃桐柏山，六里乃至二石橋。先得小者，復行百餘里，更得大者，在最高處。採藥人髣髴見之，石屏虹梁與畫相似；又見玉堂金闕，望橋邊有蓮花，狀大如車輪，其花恍惚不可熟見。大小台者以石橋之大小爲名。」據此說，即天台與桐柏二山相接而小異也。按長康《啟蒙記》云：「天台山在會稽郡五縣界中，去人境不遠。路經瀑布，次經楢溪，至於浙山。楢溪在唐興縣東二十里[二]，發源自花頂。從鳳凰山東南流，合縣大溪，入於臨海郡溪江也，其水深冷。前有石橋，遥望不盈尺，長數十步，臨絶溟之澗，忘其身者然後能度。度者見天台山蔚然凝秀，雙嶺於青霄之上，有瓊樓玉堂，瑶琳醴泉，仙物異種，偶或有見者[三]。當時斫樹記之，再尋則不復可得也。」按此記說，則神異之所，非造次可覩焉。今遊人衆所見者，蓋非此橋。且楢溪高處不見有橋，今衆人所見者，乃在歇亭西二十里，水流於剡縣界，定知不是長康所説之橋也。州取山名曰台州，縣隸唐興，即古始豐縣也。肅宗上元二年，改爲唐興縣。山去州一百四十八里，去縣有一十八里，一頭亞入滄海中。有金庭不死之鄉[四]，在桐柏之中，方圓可三十里。上常有黃雲覆之。樹則蘇玗琳碧，泉則石髓金漿。《真誥》所謂「金庭洞天是桐柏真人之所治也」。真人，周靈王太子喬，字子晉，好吹笙作鳳鳴於伊雒間。道人浮丘公接以上嵩山三十餘年。後求之不得，偶乘白鶴，謝時人而去。以仙官授任爲桐柏真人右弼王，領五岳司，侍帝來治茲山也。故《真誥》云：「吴句曲之金陵，越桐柏之金庭，成真之靈墟，養神之福境。」《名山福地記》云：「洪波不登，三災莫至[五]。」又云：「經丹水南行，有洞交會。從中過即赤城丹山之洞，上玉清平之天，周迴三百里。洞門在樂安縣界，即十大洞天第六洞也[六]。即茆司命所治也。」群峯峥嶸，碧障合沓，磨霄凌漢。因蒸雲起霧，桑迸芳[七]，瑶花間發，光彩輝燭，四時如春。鳳翔神鸞棲於其上，豊狐文豹隱於其中[八]。南馳縉雲，北接四明，東拒溟渤[九]，西通剡川。又多產樫、松、桂、垂珠，積翠於重巖；玄光、靈芝，吐耀於幽谷。

至於巖煙匿景，匪徒與五岳争雄[一〇]；考異搜奇，自可引三山爲疋。爰洎晉宋[一一]，至於梁陳，咸以日中星鳥，望祑茲山[一二]，藏璧獻琛，率爲常典[一三]。《抱朴子・内篇》云：「凡諸小山，不堪作神丹金液。皆有木石之精，千歲老魅，能壞人藥。唯嵩鎮、少室[一四]、縉雲、羅浮、大小台，此諸山正神居處，助人爲福，可以修真練藥者矣[一五]。」天台觀在唐興縣北十八里桐柏山西南瀑布嵒下。舊《圖經》云「吴主孫權爲葛仙公所創」，最居形勝。北接王真君壇，東北連丹霞洞，西北抛翠屏巖。故孫興公《天台山賦》云「搏壁立之翠屏」，即此嵒也。仙壇與翠屏巖聳空鬪峙，瀑布迸流，落落西崖間，可千餘丈，狀素蜺垂天，飛帛觸地。孫興公賦云「瀑布飛流以界道」，即此處是也。騰波濆沫，近驚翻雲；鼓怒浪雷，遥聞神悦。瀑布南流百餘步與靈溪相合，流注縣大溪，入於臨海郡也。觀中流引瀑水縈遶廊院，灌注池沼。苛芰芬芳，藿竹交暎。遊者忘歸，勝概之極也。觀東一百五十步先有故柳史君宅，號曰紫霄山居。南矚蒼嶺，北接紫霄峯，左右皆列小山，邐迤爲勢，東北連丹霞洞——洞有葛仙公練丹之初所也。宅中多植靈葩翠樫，修笙其卉，曲池澴沼，藥院丹爐，斯亦鍊化之奇景也。柳君名泌，憲宗十三年自復州石門山詔徵，授台州刺史，不至郡，便止山下領務備藥。後渾家於丹霞洞隱仙也。

自天台觀西去瀑布寺一里，宋元嘉年中沙門法順所興立，近瀑布下，因以爲名。寺北一里有嵒高百丈，名百丈嵒[一六]。嵒下靈溪，孫興公賦「過靈溪而一濯，疏煩慮於心胸」。寺引溪水經厨中過，還遶廊院。寺南九峯山，山高百餘丈，周迴六里，亦天台有派幹也。舊名九壠山，天寶六載改爲九峯山。昔王逸少與支道林常登此山[一七]，以爲勝矚也。

自天台觀北路上桐柏觀一十二里，皆懸崖磴道，盤折而上，皆長松狹路，至於桐柏洞門。故賦云：「藉萋萋之纖草[一八]，蔭落落之長松。」即此地也。自洞門一小嶺可二里乃至觀處，倚小松嶺。嶺前豁然，平陸數頃。四面特起峯巒[一九]，有若郛郭，迺神真之所休憩，巢許之所欽。自非喻沈凌霄漢，夢龜鶴之夭促，與天地而長久者，何以居焉。昔褚先生修道之所，又徐法師亦於此立道房齋閣，號曰隱真之中峯觀，前有田傾餘。東有溪曰清溪，溪注田，西經三井，飛流瀑布。凡是遊客，但覩景奇物異，怳然似昇玄都玉京者矣。觀即唐睿宗景龍二年爲白雲先生所置。

白雲先生乃司馬天師也，名子微，字承禎[二〇]，河内温人。事載在碑中。先生初入花頂峯[二一]，遇王羲之入山學業[二二]。先生過筆法付羲之：「子欲學書，好聽吾語。夫受筆法，與俗不同。須靜其心，後澄其心思，暮在功書。觔骨附近，氣力又須均停，握管與握玉無殊，下筆與投峯不別。莫誇端正，但取堅強，觔力若成，自然端正。東邊石室，子莫頻過，盡是異獸精靈也。向余邊受業，凡人到彼必傷，緣殘吾命。汝將來料伊不敢。西邊石室甚是清閑，案硯俱全，《詩》《書》並足。松花仙果，可給朝飡；石茗香泉，堪充暮飲。閑翫水，自散情懷。悶即凌峯，莫思閑事。」羲之既蒙處分，豈敢有違。一登石室，一載不虧。夜則望月臨池，朝則投雲握管。澄濾其思，暮在功書；清静其心神，志求筆法。光迴影轉，節物頻移[二三]，日就月將，便經年載。羲之第一年學書，似蛇驚春蟄，魚躍寒泉。筆下龍飛，行間蝶舞。雖未殊妙，早以驚群。至第二年學書，似鶴度春林，雲飛玉間，筆含五彩，墨點如龜，觔骨相連，似垂金鏁。至第三年學書，將爲是妙也，遂書得數紙來。先生再拜，展於案上，一見凜然作色，高聲謂責義之曰：「子之書法全未有功，觔骨俱少，氣力全無。作此書格，豈成文字？但且學書，有命即至仙堂，無事不勞相訪。」義之唱喏，即歸書堂。後又得三年，功書成矣。先生乃讚義之曰：「念汝書跡，異世不同，淡處不淡，濃處不濃。得之者罕有，見之者難逢。進一字千金重賞，獻一字萬户封侯。」再讚曰：「衆木中松，群山中峯，靈鶴中冲，五岳中嵩。吾今歸俗，汝向九霄紅。汝歸於世界，如鶴出籠。別後有心相顧，時時遥望白雲中。」先生初入天台，後睿宗皇帝詔復桐柏舊額，請先生居之。其降敕書曰：「吴朝葛仙公廢桐柏觀在天台山，如聞始豐縣人斫伐松竹，毁癈壇場，多有穢觸，頻致死亡。仰州縣官與司馬練師相知，於天台山中僻方封取四十里，以爲禽獸草木長生之福地，置一觀，仍還舊額。」初構天尊堂，有五雲其上三，而良吏書之以記祥也。天寶六載，郡守賈公長源，及玄静先生李君名含光，即天師弟子——亦玄宗師等立碑，太史崔尚製文，翰林學士韓擇木書[二四]，玄宗皇帝親書其碑額。

觀南一里有石壇一級，以塼石雜砌，方廣三十二丈。按《法輪經》，即太極三真人下降，授葛仙公修道於天台山，感降上真於此壇也。仙公真經并義注之所也。事迹具在本起傳中[二五]，此不備載。壇西南下石上有隸書刻記之曰：誥使徐公醮壇授仙公經。真人自稱姓徐，名來勒，字則，未詳何人也[二六]。壇前有塘，名曰降真塘。塘多植荷菩之類[二七]。

自塘南一里至洞門，門外西南一里餘至王真君壇。真君即桐柏真人也。有小殿，即真君儀像儼焉。開元初，玄宗創立之，度道士七人灑掃也。殿前有石泉，名曰醴泉。南三步新立上真亭。下臨萬仞[二八]，坐觀千里。遊者登之，坐眺平陸。按正壇在真君殿西北二十步，有石壇方廣四丈，八尺一級，甃以古塼。今州縣祈請水旱，皆於此壇。殿東二十步又有古八角壇。自殿西北卜山三百步即至三井。一井今闉塞。俗傳云：曾有尼師洗手觸之，一旦自塞。二井其深不測，並自然天鑿。嘗有好事者投綸於其間，繒綸盡而不及底[二九]。或云通海，或云海眼，未可詳也。其春夏時，每雨將降，則潀流灌激，溢湧雷吼，有若蛟螭潛隱之鼓怒也[三〇]。其間遊者見之，莫不神駭膽慄。邑中有水旱，令長每虔記情誠[三一]，祈於晴雨，無不響應。亦是國家投龍璧醮祭祈福之所[三二]。高宗永淳二年投龍於此。玄宗開元二十五年，詔令太常卿修禮儀使韋縚齎金龍白璧投於井[三三]。寶曆元年，主上遣中使王士岌、道門威儀趙常盈、太清宮大德阮幽閑、翰林待詔禄通玄五月十三日到山，於天台觀設醮，許往三井投龍檗也。

自三井西上一峯約二里，有僧院名佛窟院，今道元觀是也。前枕翠屏巖，北連桐柏大山。翠屏巖與仙壇俠徑瀑布，雙峙霄降，半隱雲表。巖上有亭子，極眺平陸。此處並爲殊景也。

自桐柏觀西北行七里，乃至瓊臺，「中天以懸居」。自百丈巖無上瓊臺路，皆水石深嶮，不可登涉。事須登仙壇取桐柏路，方可得到。即平視瓊臺，而下望雙闕。而遊者多恠瓊臺不在中天，雙闕不出雲表。猶在山上觀之然也。若自下仰視，則瓊臺不啻中天。雙闕五里俠靈溪而行。翠壁萬仞，森倚相向。奇花秀檉，互發芳蘂[三四]，珍禽靈獸，造揚清音。余曾尋瓊臺，下靈溪泝流北行三十里，或潺湲淺漱，其平則三里五里；或潭洞院杳，其深則千丈萬丈。恠石嶔巖[三五]，水色明鮮，歷歷見底，纖鱗莫隱，造之者不覺忘歸。非神仙之窟宅，曷能若斯？

桐柏東北五里有華林山居，水石清秀，靈寂之境也。長慶初，道士陳宗言修真之所[三六]。自觀北上一峯可五里，有方瀛山居。上有平地傾餘，前有池塘廣數畝[三七]。塘中有小洲島焉，有苛芰。前眺望蒼岑，後聳雲蓋，即後峯名也。西接瓊臺，東近華林，即靈府長慶元年定室於此。是天台第二重。

自方瀛上七里有玉霄山居，平地傾餘，四山迴合，又邃若洞天也。即天台第三重。

自玉霄東南行三里有雙石磵列爲高門，可百餘仞，因呼爲石門。桐柏觀北亦有上華頂路。路深邃梗澁，遊人罕逢。此行多取國清路上。

自天台觀西行十五里有白巖寺，寺去縣三十里。宋末有僧普遼所建精舍。

自天台觀東行一十五里有赤城山，山高三百丈，周迴七里，即天台南門也。古今即是於國家醮祭之所。其山積石，石色赩然如朝霞，望之如雉堞，故名赤城，亦名燒山。故賦云：「赤城霞起以建標」，即此山也。半山有飛霞寺，即是梁岳王母爲居此寺也，今則廢矣。山下有石室，道士居之。其中山趾有寺曰中巖寺，即是西國高僧白道猷所立也。

國清寺在縣北十里，皆長松夾道至於寺。寺即隋煬帝開皇十八年爲智顗禪師所創也。寺有五峯：一八桂峯，二暎霞峯，三靈芝峯，四靈禽峯，五祥雲峯。雙澗迴抱。天下四絶寺，國清第一絶也。寺上方兜率臺，臺東有石壇，中有泉。昔普明禪師將錫杖琢開，名錫杖泉。自國清寺東北一十五里有禪林寺，寺本智顗禪師修禪於此也。以貞元四年使牒移黄巖縣癈禪林寺額來易於道場之名。寺東一十五里有香爐峯，甚高嶮，峯上多有香柏樫桂之木相連。有宴坐峯，其峯可高百餘丈，是智者大師降魔峯。後有神人送石屏峯於大師背後，至今存焉。峯下有龍潭，周迴一里，下注螺溪，亦出縣大溪耳。寺西北上十里至陳田，昔有神人於此開田，供智者大師朝種暮收。自陳田可五里西入一源，甚平，坵号曰白砂，有僧居之。禪林寺西北上二十五里乃至歇亭[三八]，即平昌孟公簡廉察浙東。北一十里乃至靈墟[三九]，今來是智者禪院，即白雲先生所居之處也。先生早歲從道，始居嵩華，猶雜以風塵，不任幽賞。迺東入台岳，雅惬素尚，遂此建修真之所。《真誥》云：「天台山中有不死之鄉，成禪之靈墟，常有黄雲覆之。」此則其地也。故建思真之堂，兼号黄雲堂。堂有小澗，南有崗，其勢迴合。崗前有平地，立壇一級，用石甃之，名曰玄神[四〇]。故先生《靈墟頌》云：「堂号黄雲以真氣，壇名玄神，仰窺清景。東爲練刑之室，吸引所居； 南爲鳳軫之臺，以吟風奏暢； 西爲朝神靜開啟祈依； 北曰龍章之閣，以瞻雲副墨。 卑而不陋，可待風雨； 怙而不豐，可全虛白。」壇前十步有大溪，發源華頂，東南流寧海界。 又堂西十步有泉，其色味甘，可以愈疾。 中間平地立別院，營大丹爐，修劍鏡，並皆克就。 長松十株，修竹數傾，皆天師手植。 頻有詔命，先生皆不就。 至睿宗景雲二年，令兄承禕就山邀迓[四一]。 詔書曰：「練師德超河上，道邁浮丘。 高遊碧落之庭，獨步清源之境。 朕初臨寶位，久藉徽猷。 雖非堯舜丕圖，翹心齧缺； 軒轅御歷，遥想崆峒。 緬惟彼懷，寧妨此顧？ 朝欽夕佇，跡滯心飛。 欲遣使者迎，或慮鍊師驚懼，故令承禕往詔。 願與同來，披敘不遥，無先此慮。」先生無詔至京[四二]，帝問以「理身以清高爲貴，理國則如何先」，師對曰： 「國猶身也，身猶國也。 老君曰： 『遊心於淡，合氣於漠。 順物自然而無私也，而天下治也。』《易》曰： 『大人與天地合其德。』是知天不言而信，不爲而成，無爲爲理家之道也[四三]。」帝歎曰： 「廣成之言，何以加此！」請歸山，帝賜寶琴一張及霞紋帔。 中朝屬詞之士贈詩百餘人。 帝遂置桐柏觀，詔先生居之。

自靈墟南出二十里有小莊，在歡溪也。 梁高士顧歡曾居此，是名歡溪也。 自歇亭西行沿澗一十五里至石橋頭[四四]，有小亭子。 石橋色皆清，長七丈。 南頭闊七尺，北頭闊二尺。 龍形龜背，架萬仞之壑。 上有兩澗合流，從橋下過，泄爲瀑布，西流出剡縣界。 從下仰視，若晴虹之飲澗。 橋勢嶮峭，水聲崩落。 時有過者，目眩心悸。 今遊人所見者，正是此橋也。 是羅漢所居之所也。 意爲即小者則不知，大者復在何處？ 蓋神仙冥隱，非常人所覩。 從此橋沿澗行一十五里，又有一石橋中斷，号爲斷橋也。

自歇亭北上廿里上華頂峯，此天台山極高處也。 常爲雲霧霾翳，少有晴朗之時。 其高霖微似寒光，雲幽澗凝，冱經夏不消[四五]。 若遇晴時，則朝觀日之所設。《圖經》云： 「白雲先生從靈墟至華頂兩處，從來朝謁不絶。」其上造天尊堂并左右二室，開竇以延日月，朝飡其光； 鑿龕以貯雲霧，夕吸其氣。堂前立壇三級，堂内有石像、石磬，上有鐵香爐并鍾。此壇久爲荒榛，近亦修開也。堂東一十步有甘泉。先生住經二十八載，頻奉敕詔，先生多不就。有表云：「俗人貞隱，猶許高棲；道士修真，理宜遜遠。」又詔云：「雖阻彼懷，宜從此旨。請斷來表[四六]，無或二三。」開元十一年，玄宗皇帝追入内。先生辭歸，帝以天台幽遠，難以迎請，遂於王屋山選形勝，特置陽臺觀居之。今靈墟華頂，無復堂宇，唯餘松竹。天氣晴望，見海水碧色，朕然與天同光。若清真之儔，則三山十洲，髣髴而覩；雲珮風笙，倏忽而聞[四七]。自華頂北直下甚嶮阻，千崖萬壑，千霖複磵。猿猱騰翥，靈祇憑託，非人迹所及。

又去天台北門，在剡縣金庭觀[四八]。觀前有香爐峯，峯下有小穴，可以窺之，則莫窮於深淺。自天台山西北有一峯，孤秀迴拔，與天台相對，曰天姥峯。峯下臨剡縣路，仰望宛在天表，舊屬臨海郡，今隸會稽[四九]。

又有大唾小唾二峯，去天姥唾爲谷。天姥峯有石橋，以天台相連。石壁上有刊字科斗文，亦高邈不可尋覓。春月醮者聞笳簫鼓之聲。宋元嘉中，臺遣畫工匠寫山狀於圓扇，以標樞靈異，即夏禹時劉阮二人採藥遇仙之所也。古之剡人劉晨、阮肇入山遇仙於此[五〇]，其事亦具在本傳。又按《仙經》云：「此山有石橋，一所現，二所不知其處。」又云：「多散仙人遇得橋，即與相見。」以此言之，即靈仙之橋也，非今常人見者。自非精誠玄達，阻絶相偶，真仙亦不可得見，橋亦安可覩之？至於奇禽異獸，千狀萬類，不可稱記；靈葩仙草，潛産谷中，莫能名之。而五芝耀綵，非真不遇；建木匿影，豈凡所觀？靈府以元和十年自衡嶽移居台嶺，定室方瀛，至寶曆初歲，已逾再閏。修真之暇，聊採經誥以述斯記，用彰靈焉。

校勘記

[一]「靈墟」，原作「靈塘」，文意不通。天台山有靈墟，宋陳耆卿《赤城志》卷一《天台縣境》：「東北六十里靈墟入海。」即下文「北一十里乃至靈墟」之靈墟，此處爲鈔胥筆誤也。陸本、周本作「靈墟」，是。

[二]「楢」，原作「猶」。台州境内水流名爲楢溪者非止天台一處，其字或作「油溪」，然無作「猶溪」者，此爲鈔胥形近而誤。孫綽《天台山賦》「济楢溪而直进」，語本此。下文「且猶溪高處」同。陸本、周本作「楢」，是。

[三]「冷」，原作「岭」，文意不通，殆鈔胥筆誤。自「前有」至「見者」，宋樂史《太平寰宇記》引作：「《啟蒙記》注云：天台山去天不遠，路經油溪，水深險清冷。前有石橋，路逕不盈尺，長數十丈，下臨絶澗，唯忘其身，然後能濟。濟者梯巖壁援蘿葛之莖，度得平路，見天台山蔚然綺秀，列雙嶺於青霄上，有瓊樓、玉闕、天堂、碧林、醴泉，仙物畢具也。」則「岭」當爲「冷」字之誤，應屬上句，陸本、周本隸作「冷」，今正。

[四]「鄉」，原作「卿」，古人手書鄉、卿每多形近相混，《太平寰宇記·東南東道一·台州》：「道書所謂玉堂天台山，其山八重，視之如一，中有金庭不死之鄉。」陸本作「鄉」，因據改。周本隸作「卿」，非是。

[五]「莫」前原有「黄」字，疑衍。「黄」、「莫」形近，鈔胥或誤書之。陸本、周本作「空圍」。因删。

[六]「大」，原作「六」，道教天下有十大洞天，赤城洞爲第六大洞天，見佚名《名山洞天福地記》。「六」、「大」形近而誤也。

[七]此句疑有奪譌。周本作「日蒸雲起，霧桑迸芳」，陸本「因」字亦作「日」，誤；「霧桑迸芳」文理不通。

[八]「狐」，原作「孤」，形近而誤。陸本、周本隸定爲「狐」。

[九]「溟渤」，原作「溟澈」，形近而誤，《赤城志》卷二一、四〇等均引作「溟渤」，因據正。

[一〇]「徒」，原作「從」，形近而誤也。

[一一]「宋」，原作「宗」。下文「宋元嘉年中」句，「宋」原亦作「宗」，此書中多有混同兩字者。

[一二]「鳥」，原作「[illegible]」，文不可曉，陸本、周本作「鳥」，於義爲長。因改。「袟」，陸本、周本均隸定爲「秩」，考「袟」義爲「祭有次也」，而「秩」或作「袟」，因定爲「袟」。

[一三]「璧」原作「壁」，「典」原作「興」，皆形近而誤也。

[一四]「少室」，原作「少失」，「室」、「失」同音，當由傳寫致誤也。陸本、周本均作「少室」，因從改。

[一五]「者矣」，原作「台矣」，於義不通，陸本、周本隸定爲「者矣」，因據改。下句「桐柏山」，原作「洞柏山」，傳寫致誤也。

[一六]此處兩個「丈」原作「犬」字，形近而誤。

[一七]「此」，原作「北」，手書形近而致。

[一八]「萋萋」後原脱一「之」字。语出自孫綽《天台山賦》，因據補。

[一九]「特」，原作「持」，形近而誤。

[二〇]「白雲先生」，原作「白先生」，此處當脱一「雲」字。「微」，原作「徽」，司馬承禎字子微，見《舊唐書》本傳，當從。

[二一]此書中「華頂峰」多寫作「花頂峰」，乃書手習慣，且「華」、「花」古本一字。

[二二]按此處有關白雲先生教王羲之學習書法事，多混訛爲司馬承禎指導王羲之學習書法，實在有「關公戰秦瓊」之嫌。因爲王羲之生活年代遠早於司馬承禎，奈何令司馬承禎指導早已作古之書聖？以其原文仔細校核，白雲先生所指導者實爲王羲之也。

[二三]「物」，原作「勿」，傳寫省略偏旁所致也。否則文意難通。此書中鈔胥書寫習慣多有省形之字，如「荷」字多寫作「苛」，「號」字概省作「号」，「無」字間作俗體「无」，等等。陸本、周本均作「物」。

[二四]此處原衍後「翰林學士」四字，今刪。

[二五]「起」字疑衍。

[二六]「曰」，陸本、周本均隸作「日」，於理不通，兹不從。未詳何人也，「何」字後疑奪一「許」字。

[二七]「荷著」，《赤城志》卷二四引此作「荷苻」，當屬改爲通行字，以便省覽也。

[二八]「下」，原作「子」，陸本、周本均作「身」。其字手書確作「子」，「子」、「下」形近，故不若隸定「下」爲愈也。

[二九]「繒」，原作「繪」，陸本、周本均作「繒」，於義爲正，因據改。

[三〇]「蛟」，原作「蚑」，据江蘇廣陵古籍刻印社《王羲之行書字典》所引《周孝侯碑》「蛟」字正。

[三一]「記」，原隸定爲「託」，據趙佀《七體書法字典》（博文書社一九八八年版）所引李應楨書「記」字正。

[三二]「璧」，原作「壁」，傳寫混訛。下文「白璧」、「許往三井投龍璧」之「璧」同。

[三三]「太常卿」之「常」字原作「當」，亦傳寫混訛也。

[三四]「互」，原作「牙」，古人手書「互」、「牙」字形相混，據《王羲之行書字典》所引陸柬之《文賦》正。「藥」字原作「葉」。陸本、周本隸定爲「粲」，兹不取。

[三五]「嶔巖」兩字原書難以辨識，蓋鈔胥手書訛混，不足深責。據符定一《聯緜字典》「岑巖」條隸定。陸本、周本據原書描模，隸定爲

「嵌嶔」，恐失其義。

[三六]「陳宗言」，當屬「陳寡言」之訛，陳氏稍早於徐靈府隱居天台山，《赤城志》《浙江通志》等均有傳。

[三七]「畝」字之前原有「敏」字，此「敏」字即「畝」字之訛而衍，今刪。

[三八]「上」，原作「止」，陸本作「止」，於義未暢，因隸定爲「上」。

[三九]「乃至」後原有「至」字疊字符號，而文句不暢，疑衍而刪。陸本亦刪此符號。

[四〇]「曰」，原作「白」，鈔胥誤書也。陸本、周本皆作「曰」，是。

[四一]「令」，原作「今」，形近而誤。此唐書所載史實，詔其兄司馬承禎至天台追之入京。

[四二]「無」，原作「无」，不合文理，必有譌誤。陸本改作「隨詔至京」，僅就文理而言愈於「无詔至京」。

[四三]無爲爲理家之道，後「爲」字原作疊字符號，近似草書「之」字，陸本、周本即隸定爲「之」，不通。

[四四]「沿」，原近似「注」，爲「沿」異體「㳂」之近似字形，下文「从此橋沿澗行一十五里」即作「㳂」。作「注」字則文不可通。今正。

[四五]「冴」字有殘泐，陸本、周本作「冴」，姑從其形。

[四六]「斷」，原作「析」，鈔胥省筆所致也。陸本、周本亦隸定爲「斷」，因據改。

[四七]「倏」，原作「條」，形近而誤。陸本、周本均隸定爲「倏」，是。

[四八]「金庭觀」，原作「金靈觀」，天台山有金庭洞天，剡中有金庭觀，《赤城志》《浙江通志》引徐靈府《天台山記》均作「金庭觀」，因據改。

[四九]「今」，原作「令」，鈔胥筆誤。

[五〇]「劉晨」，原作「劉曰成」，「曰成」爲「晟」之分寫，「晨」、「晟」結構相同，字形相近，因傳寫致誤耳。今正。

附録

有關《天台山記》提要及徐靈府詩作

宋陳振孫《直齋書録解題》：《天台山記》一卷

唐道士徐靈府撰。元和中人也。余假守臨海，就使本道。嘉熙丙申十月解郡符，趨會稽治所，道過之。鋭欲往遊，會大雪不果。改轅由驛道至，今以爲恨。偶見此記，録之以寄卧遊之意。

徐靈府詩三首

言志

野性歌三樂，皇恩出九重。來傳紫宸命，遣下白雲峰。多愧書傳鶴，深慚紙畫龍。將何佐明主，甘老在巘松。

（《全唐詩》題作《言志獻浙東廉訪辭召》：野性歌三樂，皇恩出九重。那煩紫宸命，遠下白雲峰。多媿書傳鶴，深慚紙畫龍。將何佐明主，甘老在巖松。）

自詠（二首）

寂寂凝神太極初，無心應物等空虚。性修自性非求得，欲識真人祇是渠。

學道全真在此生，何須待死更求生？今生不了無生理，縱復生知那處生？一作《侯臺閑吟》

有關方志所載徐靈府事蹟匯輯

宋陳耆卿《嘉定赤城志》卷三五《人物門》四

徐靈府，錢塘人，號默希子。居天台雲蓋峯，目爲方瀛，以修鍊自樂。嘗爲詩云：「學道全真在此生，迷津待死更求生。今生不了無生理，縱得生知何處生？」會昌初，頻詔不起，但獻《言志》云：「野性歌三樂，皇恩出九重。来傳紫宸命，遣下白雲峯。多媿書傳鶴，深慙紙畫龍。將何佐明主？甘老在巖松。」

宋潛説友《咸淳臨安志》卷六九《人物》十《方外》

徐靈府，號默希子，錢塘天目山人。通儒學，居天台靈盖峯虎巖石室中凡十餘年。會昌初，武宗詔浙東廉使起之，辭不復出，後遂絶粒。嘗著《元鑑》五卷，撰《天台山記》《三洞要略》。門人得其道者有左元澤。

清嵇曾筠等監修《浙江通志》卷一百九十八《仙釋》一

徐靈府，《全唐詩傳》：自號默希子，錢塘人。《西天目志》：靈府由天目趨天台，憩雲蓋二十餘年。俄結廬層石，屬睇松竹，外環池島，名以方瀛，修煉其間，作言志詩，辭武宗之徵，絶粒久之，凝寂而化。著《元鑑》五卷及《三洞要略》。

天台勝蹟録

〔明〕潘瑊 纂

整理説明

胡正武

《天台勝蹟録》是一部收集從三國迄明朝歷代文人吟詠浙東名山天台山之詩賦選集，收録詩人凡四百一十三家，作品九百四十三首(其中含賦三首)，係集中反映文人讚頌景仰天台山心跡之文獻，是今天研究天台山自然風光與人文景觀之重要資源。

《天台勝蹟録》編輯者潘瑊，字子良，號梅壑，本貫明朝台州府天台縣人，生活年代約在嘉靖年間。早年嘗爲諸生習舉子業，後悔雕蟲之技，乃棄去不顧；嘉靖七年(一五二八)有司以賢良薦於朝，梅壑兩辭之，因終身布衣。復嘗游王守仁(陽明先生)門，主良知之學。與鄒守益、吕枘、王龍溪、錢緒山諸先生宣講陽明學，引爲同道，相交最篤。性喜山水，逍遥風月，行路之暇，讀書之餘，觸景生情，每發爲歌詩，多抒其心頭塊壘之作也。同時人太平(今台州温嶺)葉良佩稱：「梅壑故奇詭士，裹糧行游天下幾三十年，卒無所遇而歸。人言：子行三十年，見人多矣。誰也麟，誰也鳳，誰也爲鴝鵒之佻巧？而使子卒無遇合？」其生平行跡不慕官場，怡情林泉，熱愛故鄉，珍視前賢時人詠歌天台山水樂章，收集編輯，匯而成帙，爲浙東名山文化保存文獻，亦屬研究名山文化資料之淵藪。其志甚堅，其功甚偉，足傳於後！

潘瑊不僅寄情山水，置身江湖，而且是一位才華出衆，勤於筆耕者。見諸記載者除本書而外，尚有《梅壑稿》《山川昆蟲百詠》《重修天台詩選》等書。

《天台勝蹟録》共分四卷，收録從三國東吴道士葛玄、東晉孫綽以降下迄明朝歌頌吟詠天台山水形勝、佛道宗教及歷史人物事蹟之作品，以詩歌爲主，兼收少量辭賦（如孫綽《天台山賦》和白玉蟾《天台山賦》）。卷一爲概寫綜述天台山詩賦與描寫刻畫天台山核心景區國清寺之作，收録作品便爲以上兩類。卷二以下爲分述天台山各處風景、寺觀、仙物和人物諸作，其中卷二主要收録歌頌赤城、華頂、石梁以及赤城玉京洞、高明寺、天封寺、天台山上著名仙物琪樹、金松、羅漢樹等。卷三則集中表現天台山著名寺院萬年寺、道教勝蹟玉霄峰和著名道場桐柏觀、瓊臺雙闕，司馬悔橋和天台山著名勝景百丈巖、福聖觀及福聖觀瀑布等。卷四收録神話傳説劉阮遇仙發生地桃源、唐朝著名白話詩人寒山子隱居處寒巖明巖、東横山、靈溪和靈溪館等作品。可以説將歷朝文人對天台山自然景觀與人文勝蹟讚頌之作網羅殆遍，以天台山和國清寺爲核心，輔以其他自然與人文景觀之作，經緯交織，頗見匠心。作者則以仕宦官員、文人爲主，兼及女流、方外。從入選作家作品而言，唐以前作者主要爲客籍人士，以來台赴任官員、慕名來台旅遊、修道、拜佛及宣揚理學者爲大宗；宋以後本土文人嶄然露頭角，名家輩出，以仕宦者爲大宗，布衣文人與釋道方外爲數亦夥，而以仕宦文人名聲廣播，影響爲遠。以上兩類人士之作，不僅顯示天台山自然風光不可掩抑之神奇秀麗，神話傳説之美麗動人，宗教文化之獨特地位與巨大影響。而且充分顯示唐朝以來台州文化教育事業日益發達之後，台州本土文人登上文壇，其詩歌作品表達熱愛故鄉、讚頌故鄉與建設故鄉之心聲。潘瑊編輯本書用意深遠，爲鄉邦山水文化保存珍貴文獻，頗費心血，搜集作品，網羅遺逸，「乃博考群籍，旁搜石刻，選萃正訛，彙次成帙」（王爌序語），實爲天台山水文化留下取之不盡之資源，歷時愈久，愈益顯現其難以估量之文化價值。諺曰：「名山還須名人捧」，誠哉斯言！王爌在序中亦持此説，「竊嘗聞山川顯晦皆繫乎人，然而遇與不遇則有幸不幸存焉。滁之山以歐陽氏之記顯，赤壁以蘇氏之賦顯。自今觀之，滁山與夫山也，赤壁猶夫水也，而遇於文章鉅公，豈非幸與？」天台山之得到前唐時期孫綽、葛玄、李巨仁等名公巨卿之青睞，唐朝李白、孟浩然、白居易、元稹等大詩人之歌詠，唐以後又有宋人夏竦、陸游、洪适、王十朋、高似孫，元人鮮于樞、楊維楨，明朝陳憲章等名家詠嘆。就本土人士而言，則除本書編刊者潘瑊而外，如楊蟠、謝深甫、曹文晦、徐一夔、蔡潮、曹宜約、謝鐸等；就方外人士而言，則有前唐時期葛玄等以外，如寒山、拾得、靈澈、靈一、貫休、惠崇、明統、法具等無不徜徉山水，吟哦風月，爲名山風景增添人文内涵。

無庸諱言，《天台勝蹟録》一書在收集文獻和整理編輯過程中也存在一些疏失，主要有以下幾種類型：一是張冠李戴、假託名家。將前賢或者當時某些作品歸入聲名顯赫文人之名下，以擡高其作品之身價，如《夢遊天台山》托名於李白，遍查李白集中未見蹤影，就詩中内容而言，毫無疑問即屬唐以後作品。二是斷章取義、削足適履。將某些作品改動割裂，成爲與原作差異明顯之「新作」。如將方干《送錢特卿赴職天台》一詩改名爲《入天台山》，并且只取其前四句作爲「新作」。但是總體上看，《天台勝蹟録》收録宏富，涉及作家作品爲數衆多，有些許失誤亦屬瑕不掩瑜，前賢云「不以一眚掩大德」，今天亦不能以此而否定其保存名山文獻之功。

本書校刻者林應麒（一五〇五至一五八三）字必仁，號介山，明台州仙居人。民國喻長霖、柯驊威等纂《台州府志》卷一〇五《人物傳》六有林應麒傳；清王壽頤、潘紀恩、王棻、李仲昭纂修《光緒仙居縣志》卷十三《人物·宦業》有林應麒傳。内容大同小異，府志詳而縣志略。據府縣志載，林應麒幼喜吟詠，擅屬文。年二十，領嘉靖乙酉（嘉靖四年，一五二五年）鄉薦，十四年（一五三五年）成進士，授吴江令，在任抑豪右。會御史苟如安按郡，應麒晉謁而苟不爲禮，應麒徑長揖出。豪右乘間誣之，遂被劾聽勘。二十一年（一五四二），乞改教職，降授六安州判官，踰月遷國子監助教。二十六年調泰安州判官。明年以山東巡撫都御史彭黯、巡按御史傅鉞薦，二十八年轉金溪知縣。二十九年（一五五〇）陞雲南提舉，三十年（一五五一）八月陞惠州府同知，嘗署郡事，厲精悉慮，竟日聽訟，恤民勤政。歲餘，以丁母憂去。服闋，將赴部，爲江西巡按御史蘇端蒙所劾罷，時在嘉靖三十二年（一五五三）也。少嘗登王陽明之門，故終身推服甚至。萬曆癸未（萬曆十一年，一五八三年）卒，年七十八。著有《介山稿略》二十卷。

此書初刊於明朝嘉靖二十五年（一五四六），正當林應麒於國子監助教任内，此後久無再版。即使以「好古右文」自詡之清朝亦未見有清刻本傳世，迄今更未見大陸出版界有新排印本，目前所可得見者均爲我國臺灣省版，主要有兩種：（一）臺灣明文書局於佛曆二五四二年（一九八〇年）以影印方式出版之《天台勝蹟録》四卷，杜潔祥主編，收入《中國佛寺史志彙刊》第二輯第九册中。此本因爲是影印出版，未加剜改，亦未添加序跋，較完整地保留了明刻本原貌。（二）臺灣成文出版社有限公司於一九八三年出版之《天台勝蹟録》四卷，收入《中國方志叢書》中，編爲《華中地方》第五零四號。經比對兩個版本之《天台勝蹟録》，其所據底本實即同一版本。其書卷首藏書印相同，每頁字數行數及頁碼亦無不同，均共四四八頁。但是書内略有差異，最爲明顯者《中國方志叢書》本第七五、七六兩頁屬空白版，注爲「原稿缺」，而《中國佛寺史志彙刊》本則完好無缺。經比對，實際上成文版該兩頁空白顯係出版者人爲失誤所致，原本并未空缺。又《中國佛寺史志彙刊》本在出版時由編輯者編成《天台勝蹟録詳目》弁於卷首，便於讀者檢索作者作品，而《中國方志叢書》本無新編目録。此外兩個本子文字僅有極少量明暗之别，并無版本不同而形成文字不同（異文）。此次整理《天台勝蹟録》即以明文書局《中國佛寺史志彙刊》本爲底本，而以《中國方志叢書》本爲參校本。凡底本文字通順者均不作校勘；遇底本文字明顯訛誤（如唐朝詩人方干被誤作方千、張祜被誤作張祐之類）、奪文（如卷四所收曹宜約《横山秋月》頷聯「天垂四野星河近，人九霄風露寒」對句「人」後奪一字）、衍文（同卷明人蔡潮《石澗奇松》末句「丁寧推一牧兒，無端謾凌虐」出句衍「一」字）、倒文（卷三左吉《桐柏觀》詩尾聯「最好會仙亭上路，頳桐翠柏更深幽」，「深幽」誤倒爲「幽深」，遂致不押韻矣）或漫漶不清處（卷二潘憲《静居庵》詩頷聯「赤鼠窺人過別樹，白□隨意啄空坪」對句第二字漫漶莫辨。卷四陸可大《桃源洞》詩頷聯「劉秦阮肇如有道，詎□費禮昏天台？」對句第二字漫漶莫辨等），除以參校本參校外，復引作者別集、其他總集、選集、地方志等校勘比對，并據《浙江文獻集成編纂綱要》之規定寫出校記。然對於原編纂誤記、誤引之作者簡介，如稱孫綽爲永嘉太守，而孫實未嘗任此職，而是任晉章安令之類，則一仍其舊，亦不出校。

由於整理者才疏學淺，失誤難免，尚祈方家博雅不吝指正。

序

天台之名聞於世，自晉劉阮而已然矣。雖其説流於荒唐，難以盡信，而山水之勝不可誣也。厥後詞臣墨客流寓寄傲於其間者盛，而述作之富，不可勝紀。潘梅壑氏産於兹土，懼其久而散逸，乃博考群籍，旁搜石刻，選粹正訛，彙次成帙，命曰《天台勝蹟録》。不憚修阻，詣予請序。予作曰：「勤矣哉，梅壑之用心也，其有功於天台也不多乎！竊嘗聞山川顯晦皆繫乎人，然而遇與不遇則有幸不幸存焉。滁之山以歐陽氏之記顯，赤壁以蘇氏之賦顯。自今觀之，滁山與夫山也，赤壁猶夫水也，而遇於文章鉅公，豈非幸與？雁蕩、桂山皆天下奇勝也，在漢唐固無聞焉。由是推之，今之名山秀水不幸托非其地，泯滅而無聞者豈其微哉？乃若天台之勝，得遇能言之士，以聞於世，則名非過情。然視夫托非其地泯滅而無聞者，亦不爲非幸矣。嗟乎，豈止山川然哉？士生於世，幸而獲遇，若伊尹之於湯，吕望之於文王，諸葛之於昭烈，古今數人而已。夫何吐握之風日漸以微？巖穴之下豈無抱經濟之才，流落不偶而興遺珠之嘆者乎！揚於王庭固皆一時之選，然其間豈無德薄而位尊，力小而任重，卒貽覆餗之羞者乎？則其幸與不幸又見大焉者矣。予於此竊有所感，故僭及之。

梅壑名瑊，字子良。嘗著《山川昆蟲百詠》，重修《天台詩選》，蓋亦不幸而不遇者與！

賜進士第資政大夫南京都察院掌院事右都御史前刑部侍郎致仕黄巖南渠王爌撰

卷一

天台山賦[一]

孫　綽字興公，太原人，永嘉太守。

天台者[二]，蓋山嶽之神秀者也。涉海則有方丈蓬萊，登陸則有四明天台。皆玄聖之所游化[三]，靈仙之所窟宅。夫其峻極之狀，嘉祥之美，窮山海之瓌富，盡人神之壯麗矣。所以不列於五嶽，闕載於常典者，豈不以所立冥奥，其路幽迥，或倒景於重溟，或匿峰於千嶺；始經魑魅之途，卒踐無人之境；舉世罕能登陟，王者莫由禋祀，故事絶於常篇，名標於奇紀。然圖象之興[四]，豈虚也哉？非夫遺世玩道，絶粒茹芝者，烏能輕舉而宅之？非夫遠寄冥搜，篤信通神者，何肯遥想而存之？余所以馳神運思，晝詠宵興，俯仰之間，若已再升者也。方解纓絡，永托兹嶺，不任吟想之至，聊奮藻以散懷。

太虚遼廓而無閡，運自然之妙有。融而爲川瀆，結而爲山阜。嗟台嶽之所奇挺，寔神明之所扶持。蔭牛宿以曜峰，托靈越以正基。結根彌於華岱，直指高於九疑。應配天於唐典，齊峻極於周詩。邈彼絶域，幽邃窈窕。近智以守見而不之，之者以路絶而莫曉。哂夏蟲之疑冰，整輕翮而思矯。理無隱而不彰，啓二奇以示兆。赤城霞起而建標，瀑布飛流以界道。

睹靈驗而遂徂，忽乎吾之將行。仍羽人於丹丘，尋不死之福庭。苟台嶺之可攀，亦何羨於層城。釋域中之常戀，暢超然之高情。被毛褐之森森，振金策之鈴鈴。披荒蓁之蒙蘢，陟峭崿之峥嶸。濟楢溪而直進，落五界而迅征。跨穹窿之懸磴，臨萬丈之絶冥。踐莓苔之滑石，搏壁立之翠屏。攬樛木之長蘿，援葛藟之飛莖。雖一冒於垂堂，乃求存乎長生。必契誠於幽昧，履重險而逾平。

既克躋於九折，路威夷而修通。恣心目之寥朗，任緩步之從容。藉萋萋之纖草，蔭落落之長松。覿翔鸞之裔裔，聽鳴鳳之嗈嗈。過靈溪而一濯，疏煩想於心胸。蕩遺塵於旋流，發五蓋之游蒙。追羲農之絶軌，躡二老之玄蹤。

陟降信宿，迄於仙都。雙闕雲聳以夾路，瓊臺中天而懸居。朱闕玲瓏於林間，玉堂陰映於高隅。彤雲斐亹以翼欞[五]，微日炯晃於綺疏[六]。八桂森挺以凌霜，五芝含秀而晨敷。惠風佇芳於陽林，醴泉涌溜於陰渠。建木滅景於千尋，琪樹璀璨而垂珠。王喬控鶴以沖天，應真飛錫以躡虚。騁神變之揮霍，忽出有而入無。

於是遊覽既周，體静心閑。害馬已去，世事都捐。投刃皆虚，目牛無全。凝思幽巖，朗詠長川。爾乃羲和亭午，遊氣高褰。法鼓琅以振響，衆香馥以揚烟。肆覲天宗，爰集通仙。挹以元玉之膏[七]，嗽以華池之泉。散以象外之説，暢以無生之篇。悟遺有之不盡，覺涉無之有間。泯色空以合跡，忽即有而得玄。釋二名之同出，消一無於三幡。恣語樂以終日，等寂默於不言。渾萬象以冥觀，兀同體於自然。

校勘記

[一]《文選》作《遊天台山賦》。

[二]「天台」，《文選》、通行本均作「天台山」。

[三]「玄」，原作「元」，本係宋朝人避始祖趙玄朗之諱而改，後人沿襲舊諱之故也。

[四]「象」，《文選》本作「像」。

[五]「欞」，《文選》作「櫺」，字異而義同。

[六]「微」，《文選》作「曒」。

[七]「元」,《文選》作「玄」,缺末兩筆,係避諱而改。

白玉蟾字以閲,號海南翁。

天台之山,神仙景象。周回八百餘里,高聳萬八千丈。實金庭之洞天,乃玉京之福壤。霓裳羽節之隱顯有無,天籥雲璈之清虚嘹喨。赤烏吴王之脩崇,景雲睿宗之興創。琳宫蘂殿之壯麗千載,煙嶠松崖而瑰奇萬丈。雲隨羽客,在瓊臺雙闕之間;鶴唳芝田,正桐柏靈墟之上。

丹元真人之身居赤城,左極仙翁而坐斷翠屏。衆妙臺空而曠古陳跡,法輪院在而何年授經?藤蘿蔦蔓而夜月照白,蒿莽荆蓁而曉煙鎖青。勢吞吴越而峻極紫霄,見彼柳史君之什;地接蓬萊而瀕臨滄海,開於韓擇木之銘。

千丈瀑布而上跨石橋,萬頃雲花而横舒佛隴。三井龍蟠而水激石吼,九峯虎嘯而風生樹壅。紫檜封丹兮老幹不死,碧泉漱玉兮飛流自湧。玄璵蒼武之怪石天成,黄精白术而靈苗仙種。刳苔剔蘚而尋訪真跡,斬竹縛茅而逃其冗俗。昭慶院、法輪院,雲間之雞犬相聞;元明宫、洞天宫,煙深之樓臺争聳。

知天開地辟之久矣,信神刓鬼劃奇哉。萬頃碧琉璃之水,千層青翡翠之崕。風響笙響而子晉何在?花香水香而劉郎不回。月洞風林之野鶴夜唳,雲溪月隴之山猿曉哀。幽鳥一聲兮花落青澗,飛螢數點兮露沾蒼臺。丹霞飛華頂之峯,援天峻極;紫霧鎖方瀛之路,峭壁崔嵬。

椿庭檜殿之金磬敲風,竹院松齋之玉琴弄月。翠檻丹楹兮,山楶藻棁;碧眼蒼髯兮,星冠羽褐。丹爐灰冷而久兮不火,仙蜕壇高而知誰换骨?金漿玉醴兮泉冽石髓,瓊樹琪林兮花開春雪。鄰峰古寺之或顯靈異，古德聖僧而相傳衣鉢。寒山、拾得興國清之伽藍，智顗、普朗起定光之法窟。釋子耘藥，仙翁種茶。春紉素蘭而秋摘黄菊，曉吸玄露而暮餐赤霞。倚松長嘯而落月悲鶴，採芝歸來而斜陽噪鵶。唐有甘泉而坐此翠石，漢其高察而隱於白沙。

憑雲翼於岑頭，種玉蓮而結子。徐默希於巖頂，栽鐵樹以開花。文章不療山水癖，身心每被溪山縛。躡芒屩而扙蒼柯，披麻簑而戴青蒻。攜黄庭而歸沖嵓之菴，吟洞章而登凌虚之閣。野鳥鳴嚶嚶，山花開灼灼。玉霄峰上水嗚咽，華琳峰前雲寂寞。煙駕浮空天渺渺，空翠舞簫韶；雲駢入洞風冷冷，洞門無鎖鑰。

登翠微而望香林，陟紫霄而顧玉泉。仙花靈草而蒼翠無邊，千巖萬壑而森羅目前。吟李白天台之詩，賡張籍天台之篇。塵襟俗垢俱洗盡，兩袂飄飄身欲仙。我欲駕青龍而呼白鸞，乘風飛去瀛洲之外，方丈之巔。

登天台篇[一]　李巨仁

台山稱地鎮，千仞上凌霄。雲開金闕迴，霧暗石樑遥。翠微横鳥道，珠澗入星橋。風急清溪晚，霞起赤城朝。寓目幽棲地，駕言逸綺季。避世桃源士，忘情漆園吏。抽簪傲九辟，脱屣輕千駟。沈冥負俗心，蕭灑凌雲意。蒼蒼聳極天，伏眺盡山川。疊峰如積浪，分崖若斷煙。淺深聞過渡，輕重聽飛泉。采藥逢三島，尋真值九仙。藏書凡幾代，看博已經年。逝將追羽客，千載一來旋。

校勘記

〔一〕宋李庚編《天台前集》作《登台山篇》。台山即天台山。

登天台山 葛　玄字孝先，丹陽人。封沖虚妙道真人。

高高山上山，山中白雲閒。瀑布低頭看，青天舉手攀。石橋横海外，風雨落人間。不見紅塵客，時時鶴往還。

思天台山〔一〕 許　渾字仲晦，丹陽人。太和六年進士。

赤城雲雪深，山客負歸心。昨夜西齋宿，月明琪樹陰。

校勘記

〔一〕《全唐詩》作《思天台》。

早發天台〔一〕 許　渾

來往天台天姥間，欲求真訣駐衰顔。星河半落巖前寺，雲霧初開嶺上關。丹壑樹多風浩浩，碧溪苔淺水潺潺。可知劉阮逢人處，行盡深山又是山。

校勘記

〔一〕《全唐詩》作《早發天台中巖寺度關嶺次天姥岑》，《勝蹟録》省略。

憶天台山

劉禹錫〔二〕字夢得，中山人。

常記遊靈境，道人情不低。巖房容偃息，天路許相攜。霞散曙峰外，虹生涼瀑西。何當謝塵役〔三〕，重去聽猿啼。

校勘記

〔二〕《全唐詩》作劉昭禹，劉禹錫未到過天台山，當從《全唐詩》。

〔三〕「謝塵役」，《全唐詩》作「塵役了」。

尋天台山〔一〕

孟浩然襄陽人。

吾愛太一子〔二〕，餐霞卧赤城。欲尋華頂去，不憚惡溪名。歇馬憑雲宿，揚帆截海行。高高翠微裏，遥見石梁横。

校勘記

〔二〕《全唐詩》作《尋天台山作》。

〔三〕「愛」，《全唐詩》作「友」。

入天台山〔一〕　方　干字雄飛，桐廬人。

路入天台氣象清，垂鞭樹石罅中行。霧昏不見西陵岸，風急先聞瀑布聲。

校勘記

〔一〕《全唐詩》作《送錢特卿赴職天台》。原詩爲七律，下有「山下縣寮張樂送，海邊津吏棹舟迎。詩家弟子無多少，唯只于余別有情」四句，此書僅輯録前四句。

春日行天台〔一〕　貫　休

重重太古色，濛濛花雨時。好峰行不盡，流水語相隨。黑壤生紅朮，黄猿引白兒。因思石橋路，曾與道人期。

校勘記

〔一〕貫休《禪月集》作《春山行》，《全唐詩》同。宋人李庚編《天台前集》作《春日行天台山》，《古今禪藻集》《唐詩品彙》作《春日山行》。

夢遊天台山[一] 李　白字太白。

天溶溶，雲濛濛，天風一日吹我夢，我夢再上天台東。台山四萬八千丈，上有玉平之府，乃與瑶天通。長橋一道度絶壑，猶如虹霓隱隱盤晴空。台山星斗手可摘，玉京石扇開玲瓏。樓臺銀闕照初日，半天仙樂聞笙鏞。海霧掩袂赤城曉，方廣宛在虚無中。仙源流水隔凡世，天風吹落桃花紅。五百真仙隱蹤跡，天人蹴踏奔象龍。金瓜半熟蛇護樹，錦策倒掛虬枝松。松頭瀑布灑飛雪，下有兀坐龐眉翁。心空意定神氣秀，半肩白髮雙睛瞳。既非桐柏仙，又非閭丘公。乃知定公招我手，邀我共入摩尼宫。甘露洗我身，靈液澆我胸。授我天台之寶訣，可以揮手兮八極，真與造化流無窮。言未盡，情未終，獨鶴一聲驚我夢。自古活佛現方廣，白月掛在天姥東。

校勘記

[一] 按：李白集中及《全唐詩》均無此作，據此詩中涉及「摩尼」教問題，而摩尼教傳入中國當在唐朝以後，李白怎麽可能預知後來之事？故此詩當爲唐以後人所作，爲潘瑊誤選入李白名下。謹記以備考。

望天台山（二首） 陳　恬

嵩陽不得到，華頂可徘徊。當知吾性分，自有一天台。

氣驟雲煙速，風飛山嶽摧。神遊八極表，何必説天台？

天台獨夜　徐　凝

銀地秋月色，石梁夜溪聲。誰知屐齒盡，爲破蒼苔行。

夏夜懷天台　陳　陶字嵩伯，豐城人。

竹齋睡餘柘漿清，麟鳳誘我勞此生。忽憶天台掩書坐，澗雲起盡紅峥嶸。

重遊天台　李　郢

南國天台山水奇，石橋危險古來知。龍潭直下一百丈，誰見生公獨坐時。

憶遊天台　張　祜字永吉，南陽人。

憶昨天台到赤城，幾朝仙籟耳中生。雲龍出水風聲迴，海鶴鳴皋月色清。石笱半山移步險，桂花當洞拂衣輕。今來盡是人間夢，劉阮茫茫何處尋？

遊天台山[一]

張祜

崔嵬海西鎮，靈跡傳萬古。群峰日來朝，纍纍孫侍祖。三茅即拳石，二室由塊土。傍洞窟神仙，中巖宅龍虎。名從乾取象，位與坤作輔。鸞鶴自相群，前人空若瞽。巉巗割秋碧，媧女徒巧補。視聽出塵埃，處高心漸苦。才登招手石，肘底笑天姥。仰看華蓋尖，赤日雲上午。奔雷撼深谷，下見山脚雨。回首望四明，矗矗若城堵。昏晨邈千態，恐動非自主。控鵠大夢中，坐覺身栩栩[二]。東溟子時月，却孕元化母。彭蠡不盈杯，浙江微辨縷。石梁屹橫架，萬仞青壁豎[三]。却瞰赤城巔，勢來如刀弩。盤松國清道，九里天莫覩。穹崇上攢三，突屼旁聳五。空厓絶凡路，癡立麋與麈[四]。邈峻極天門，覷深窮地户[五]。金庭路非遠，徒步欲將舉。身樂道家流，敦儒若一矩[六]。行尋白雲叟，禮象登峻宇。佛窟繚杉嵐[七]，仙壇半榛莽。懸厓與飛瀑，險噴難足俯。海眼三井通，洞門雙闕柱[八]。瓊臺下昏側，手足前採乳。但造不死鄉，前勞何足數。

校勘記

[一] 诗题原作《遊天台》，《天台前集》《全唐詩》均作《遊天台山》，當從。

[二] 「栩栩」，原作「詡詡」，《天台前集》《全唐詩》均作「栩栩」，於義爲優，當從。

[三] 「青」，原作「千」，《天台前集》《全唐詩》均作「青」，於義爲優，當從。

[四] 「麋與麈」，原作「麈與麈」，《天台前集》《全唐詩》均作「麋與麈」，於義爲優，且合詩韻，因改。

[五] 「深」，原作「海」，《天台前集》《全唐詩》均作「深」，於義爲優，當從。

[六] 「若」，原作「者」，《天台前集》《全唐詩》均作「若」，於義爲優，當從。

〔七〕「繚」，原作「了」，《天台前集》作「繚」，《全唐詩》作「繞」，從改。
〔八〕「洞」，原作「羽」，《天台前集》《全唐詩》均作「洞」，於義爲優，當從。

天台道中

謝深甫字子肅，惠正公。

溪繞青山路繞溪，山長溪曲路高低。晴灘淺瀨舟如盪，危磴稜層石作梯。晚照荒村飛鳥入，秋風落葉敗蟬嘶。碧雲四合長天暮，轉使鄉關望恨迷。

自新昌入天台

鄭伯英字景元，號愚翁。

升高無過胡孫擂，行險勝於老鼠梯。何事將身來試此，要參大士石橋西。

天台夜雨作

姚　寬

瘴海遠指天，山城入暝煙。春潮生蛤暈，夜雨長蝸延。燈幾花時落，風簾客未眠。平生懷此地，今夕意茫然。

别天台

高似孫字續古，號蔬寮。

早乘霞氣入蓬萊，不識神仙也不來。曾與赤松遊數日，自擕玉女上西臺。當時共説黄房事，回首空驚碧海埃。前度劉郎今得度，桃花一一爲郎開。

天台渡　高似孫

一江夾清渾，回首青村注。餘雲拖薄潤，遠靄霏輕素。船輕順流下，石狹奔湍怒。蒼陰布仙跡，野芳生幽趣。山色各有舊，春情宛如訴。徘徊良自得，決漭又將暮。遐瞻金碧庭，可入丹泉路。今夜宿桃花，切莫匆匆去。

天台道中　高似孫

落花入溪口，山山皆可佳。横江碧水急，後峯白雲霾。野藥綴殷子，危松换新釵。魚輕争湊口，蘭瘦深依涯。此處若有仙，欲留殊未偕。一來愛清氣，全是牽幽懷。空色下映水，風聲響高厓。草草亦難通，借泉洗青鞵。

次韻沈元用遊天台（三首）　吕頤浩

出處何勞問大鈞，如公材器略鋪陳。談兵玉帳詩書帥，演誥綸闈侍從臣。萬疊雲山聊寓目，一方仙宅自藏身。中原未復須留念，先入夷門漸入秦。

山居猶不厭山行，石磴欹危步履輕。夾路不開雙闕在，幽巖應有玉芝生。春寒未放千鶯囀，風暖先催布穀鳴。我欲營茆爲俗駕，無資誰寄孔方兄。

前麾轉綵陣旗紅，二紀窮邊一夢中。曾擁琱弋思却日，屢乘鐵馬聽嘶風。誰憐老去三春病，自覺閑來萬慮空。滿地落花歸雁後，勿令書疏不相通。

别天台　吕頤浩

攜家隱青山，青山不我留。遣我出山去，再拜辭丹丘。王命急星火，駕言促西游。朝游白雲城，暮宿黄花洲。佳人牽我衣，挽斷不回頭。路傍立樵叟，問我何處求？長安美少年，氣概凌清秋。鸞臺與鳳閣，一一皆俊游。掉臂爾欲往，獨不愧且羞。此言真吾藥，口訥不易酬。我本麋鹿性，直與山林投。云何就冷局，歲月空悠悠。願公看我還，長嘯賦歸休。

天台思古　趙　湘

游人行盡天台路，仙家杳杳知何處？惟有山前一派溪，花落依舊留春暮。

將至天台馬上口占　赵　湘

東歸頓覺馬蹄輕，竚望天台景色新。遥想故園芳草盛，一番桃李又烘春。

天台道中　左　緯黄巖人。

亂山深處是仙家，海變桑田日未斜。爲有慈親倚門望，却愁溪上見桃花。

洪　适字景伯，判台州，官至左僕射。謚文惠公。

灘聲因雨急，山勢向雲斜。橘绿誰能畫？楓丹近似花。春鋤懷淺水，郭索上寒沙。漸聽鳴梭近，林中三數家。

初至天台　曾　幾字吉父，文清公。

疇昔所欣慕，天台冠坤靈。興公妙摹寫，粲若披圖經。自憐纓世網，仰愧徒冥冥。夙契諒非淺，半生吏金庭。成此一段奇，得按東吴刑。又分臨海竹，想像山圍屏。稍稍向鈴閣，行行叩禪扃。一丘與一壑，所見皆所聆。石梁卧劍戟，布水驅雷霆。五百大開士，神光閟琳坰。於我定不薄，是事初無刑。寒巖三隱者，在眼誰能青？庶幾閭丘守，胸次明渭涇。向來石磵耳[二]，鬬訟終朝聽。浄洗塵俗狀，數上參雲亭。

校勘記

[二]「石磵耳」，原中間一字左偏旁不明，右旁作間，曾幾《茶山集》作「石磵耳」，宋林表民《天台續集·别編》卷三作「石磵耳」，於義爲優，因改。

天台道中口占 樓鑰

路上人家短竹籬，鏁蠶刈麥自熙熙。可憐日對千尋瀑，不解閒吟半字詩。

入天台 石象之

溪岑縈繞紅塵外，殿閣欹危翠靄間。我見老僧無一事，老僧更羨白雲閒。

望天台山 王十朋字龜齡，永嘉人。建炎及第，謚忠文。

神仙境界無戰争，奚用漆此嵬嵬城？吾聞秦皇昔多慾，富貴已極貪長生。蓬萊方丈欲親到，車轍馬跡無時停。萬騎南巡適吴越，天台咫尺行將登。仙山不容俗眼見，天爲設險藏神靈。山中採藥使未返，鮑魚已向沙丘腥。秦爲防胡築紫塞，連年不恤生靈害。大亦防秦甚防胡，赤城高峙煙霞外。

神仙要非求可得，祖龍可笑徒勞力。當時劉阮本無心，花笑水迎山自闢。我向丹丘數往來，群仙杖錫未容陪。揮毫欲續興公賦，愧非擲地金聲才。極目蒼蒼千萬丈，世無仙骨那能上？須待内外兩丹成，駕鶴驂鸞如指掌。

過天台　王十朋

目逆神仙路，丹成未暇躋。雪深封佛隴，雲暗鎖桃溪。流水無還有，亂山高復低。欲尋劉阮洞，歸路恐成迷。

天台道中示同行　陳知柔字體仁，號休齋。

八重巉㠑疊晴空，九色煙霞遶洞宮。仙道多因迷路得，莫將心事問樵翁。

天台遊山　陳知柔

煙蘿穿幾重？紫車倦驅駕。忽聞鍾磬音，山腰得僧舍。主僧聞我來，曳杖出相迓。揖我入虚堂，重臨欠臺榭。老屋數椽餘，風物自閒暇。古來出雲杪，遥岑來竹罅。下臨一泓水，涵光冷相射。但能了此生，未遽慚大廈。我本山中人，偶失學圃稼。爲未聊復留，同僧且過夏。得舟家可浮，遇竹宅便借。是處皆南山，何必東籬下？悠悠去忘歸，寧畏長官罵？松月可留客，徘徊度清夜。明朝過桃溪，溪翁莫相詫。

天台道中　劉　宰字平國，號漫塘，文清公。

花重朝霏散，鳥啼春意深。風光自流轉，行役負登臨。澗水流晴绿，山雲掩夕曛[二]。病容兼白鬢，漂泊此時心。

校勘記

[二]「晴」，宋劉宰《漫塘集》卷二作「新」。「曛」，《漫塘集》作「陰」。

用　韻　刘　宰

筍輿穿過萬重山，邂逅登亭一解顔。剩欲題詩遍蒼石，舉頭羞見嶺雲閒。

天台道中　劉　□[二]號東崗。

蒼翠真疑接上台，輕風八月覺寒來。東溟直下千尋壑，北斗平臨數仞臺。吴越微茫迷遠望，古今俯仰起深哀。桃花石洞依然在，不覩仙鬟跨鶴回。

校勘記

〔一〕作者名已漫漶無蹤。

王廷表號文川，瓊州人。本府推官。

尋常愛看山，勝奇常不足。今日萬山中，不覺駭心目。清興良在兹，何以步芳躅？把酒酬山靈，抱琴共來宿。

汪　藻

渺渺孤程逐雁飛，茫茫平野見人稀。水紋縈石作蟲篆，麥隴掛山如衲衣。日月尚留滄海照，山川益護翠華歸。春風自滿江南岸，不管人間萬事非。

遊天台

虞　謙都堂。

華頂峰高萬八千，石梁橋畔渺深淵。曇華亭上觀羅漢，桐柏宫中見葛仙。方廣國清形跡地，赤城長壽列名川。劉晨阮肇桃源遇，拾得寒山樂萬年。

陳剛中號勿菴，臨海人。

台嶽名高海上山，尋幽不憚遠躋攀。上方鐘鼓煙霞裏，仙境樓臺霄漢間。巖石有泉流玉液，石橋無路覓金丹。劉郎已去經千載，洞口無人再啟關。

和　韻　虞　謙

赤城自古號名山，萬丈華峰尚可攀。雲送雨來歸洞口，水流花出到人間。天風聲和瓊臺鶴，夜月光生石鼎丹。我欲乘雲朝帝闕，便應從此步天關。

李給事

自有乾坤有此山，竭來容我一躋攀。好峰削出雲霄外，仙境移來人世間。霞散赤城飄靄瑞，煙凝玉井護神丹。桃花流水知何處？只欲乘風謁帝關。

天台山　丘　嵩本學教諭。

高山拔起青天外，丘削芙蓉隱蒼翠。飛泉迸出雙匯漲，萬斛明珠向空墜。我來正值炎暑殘，翛翛兩袂天風寒。笑歌響振林木表，劍氣高壓煙雲端。平生足跡遍天下，覽秀探奇靡遑暇。荆揚吴蜀及梁秦，到處江山美如畫。天台山水兀瓌奇，夙昔嘗聞今見之。瓊臺雙闕擁桐柏，天封華頂如娥眉。石梁横空不盈咫，萬丈深潭清見底。遊人欲度先跉跰，潭底蛟龍恐驚起。應真五百何年來？但見雲氣凝樓臺。翩然拂袖下山去，瓊花琪草滿歸路。山中幽人不可招，手弄玉簫倚瓊樹。歸來頓覺襟懷寛，俯視塵土何漫漫。重游定擬是何日？謾題詩句留巑巒。

謝　鐸字鳴治，號方石。侍郎，謚文肅。

天台山，高不極，山中去天不咫尺。台星下射扶桑赤，羽旗颯爽招不得，至今傳者神仙宅。君不見周當盛時出甫申，峻極者嶽能降神。天台山，高不極，作鎮東南比天脊。屹立乾坤自開辟。

登天台

黄　綰字宗賢，號久菴，黄巖人。禮部尚書兼翰林學士。

天台山高卑百越，萬八千丈攜客游。銀漢孤懸雙闕曉，金梁高應九天秋。可憐漢武求仙誤，已見秦皇望海愁。今我何爲躋絶險，下觀大地莽悠悠。

遊天台山

金克厚字弘載，號竹峰，仙居人。郎中。

夜宿清溪覽桐柏，又從桐柏上瓊臺。仙人跨鶴歸何處？巑下碧桃空自開。

去年東去壽山房，清夢蕭然到石梁。今日春風舒病眼，曇華亭外雨花香。

踏破煙霞千萬重，石梁橋上笑春風。桃花瀑布年年在，應有仙人在眼中。

胡纘宗山西人，號可泉。官至都御史。

縣厓掛石梁，縹緲隔仙子。不見採藥人，桃花自流水。

天台道中 鄭 毅號巖山道人，浙江布政。

石磴崚嶒雨猶昏，隔林啼鳥暗消魂。橫山斷岸疑無路，翠竹蒼松更有村。遥向空中看瀑布，不知何處是仙源。芒鞋謝却風塵路，問水尋花扣洞門。

遊天台 蕭一中華容人，浙江僉事。

我聞天台勝，乃在廿載前。寤寐思弗得，懷念心悄然。今兹獲登眺，真若凌雲煙。開襟納六合，流睇俯八埏。諸峰迴羅立，層崖峭森嚴。瑶花發榮滋，琪樹交争妍[二]。行行望石梁，岐路阻且長。石梁不可度，捫蘿躡其傍。仰觀瀑布泉，恍若銀漢涓。情境意俱適，翛然恣遠鶱。顧予眇然躬，卒歲風塵中。東城復南陌，飄飄揚飛蓬。無能作翔鳳，徒爾羨冥鴻。

校勘記

[一]「姸」，原作「研」，形近而誤也。

過天台　黄　約字宗博，號空明，黄巖人。

扙策天台路，松杉萬壑陰。仙人不可見，花落正春深。

暮春天台道中　黄　約

曉行山上少人家，松竹陰森石路斜。遥望一溪流繞郭，酒旗摇颺出桃花。

五日春晴十日陰，忽看飛絮滿衣襟。行人正爾傷春色，何事落花風雨深。

天台雜詩五絶　鄭善夫閩人，號少谷。郎中。

一夜雨聲吹不斷，國清寺前溪水鳴。欲過天台拾瑶草，秋風無限石梁情。

赤城雲閉玉真符，桐柏宫涵滄海珠。早晩移家葛洪井，瓊臺雙闕是仙都。

華頂數峰飛刺天，長風白日灑雲煙。鹿裘行探金明草，笑拍洪崖是漢邊。

曇花亭前雷雨飛，石梁天巧眼中稀。素裾綦履沾雲濕，我自天台華頂歸。

崩湍轉瀑下龍湫，皛皛銀河綵霧浮。履險能無伯昏分，等閒來往石梁橋。

歲暮尋天台山水　鄭善夫

桃源未可極，天台煙霧深。行歌白雲調，坐見赤霞心。草次千峰會，鴻濛萬壑陰。藏身一大事，聊觀世人音。

天台山行　王　弼字存敬，號南郭。興化太守，黄巖人。

清泉能奏鳥能言，行盡天台趣不凡。世上閒人應有數，山中靈藥本無根。百年光景如燈滅，一片塵寰似海渾。若見漁郎不須問，桃花處處是仙源。

夢遊天台　陳憲章號白沙。

路入天台第八重，洞門剛與赤城通。脚根點到虹橋半，一笑那知是夢中。

秋日夢登天台山絶頂　潘禎字應昌，號留鶴。山東提學僉事。

華峰四萬八千丈，鶴背秋風夢一登。坐使群山卧平地，笑看杯水瀉東溟。此心本是同寥郭，太塊真能載我形。擬過赤城尋隱處，倚霞結屋老吾生。

至天台　王廷幹寧國人，號巖潭。本府同知。

聖恩殊未央，新命佐封疆。山水專都麗，風煙接渺茫。绿溪瓊液注，丹壑夏雲長。澤國禾苗盛，村園橘柚香。登攀窮跡勝，訪採佇時康。壯志懷雄劍，菲才愧錦囊。豈徒躭曠達，真欲效循良。台郡經初陟，投翰記此章。

天台山　王廷幹

勝境摽州北，名山紀浙東。天高疑可即，地險諒難窮。宇宙誰開辟？林原此鬱葱。龍潭新跡在，仙韋舊臺空。香草縈千狀，奇花積萬叢。深巇巢翡翠，流水灌梧桐。鳳宇瓊階绿，雲橋寶樹紅。玲瓏珠閣麗，峻絶石梁雄。滄海還觀日，赤城似貫虹。朱明未改候，白露已含風。尋賞國清寺，問玄桐柏宫。天涯聞夜鶴，海日悵秋鴻。靈異荷神護，登臨咸化功。理人懷謝守，載筆愧孫公。永夏情方盛，夕陽興未終。芳辰忘辱累，佳氣逸崆峒。何日丹丘住，修真步葛洪。

過天台　方　暲字用晦，號緝軒，松門人。

沙溪舟欸乃，風磴馬玄黄。臂攘懸壺市，霜寒視草堂。皇圖天府固，仙夢石樓荒。尚憶胡麻飯，桃源覓阮郎。

憩天台寺　黄孔昭字世顯，號定軒。工部侍郎，贈禮部，謚文毅。

偶憩招提境，行穿松柏林。鐘聲出樹遠，塔影到池深。掃葉分僧石，聽猿坐竹陰。回頭無限意，索寞向誰吟？

再遊天台次少谷韻　王　畿號龍溪，紹興人。兵部主事。

雨裡雲霞顯不飛，碧桃零落洞門稀。劉郎已去無消息，應有王喬採藥歸。

曾跨飛虹瞰石湫，重來孤興未全消。寥天落木千峰淨，塵世無勞夢鐵橋。

天台路流眺　孔天胤號文谷，浙江提學。

孰謂天路遥？而吾踐斯境。梄溪始直進，丹嶠寢凌騁。璇玉表殊流，雲霞絢層嶺。登頓躡仙蹤，泂沿鑑塵影。複經來轉幽，連巘去彌永。石翠琰桐精，潭華鑠金影。鶴笙時彷彿，琪樹乍森冷。飯麻人莫從，茹芝懷徒耿。福庭倘果留，羽化在俄頃。

登天台嶺漫賦次韻　沈　愷號鳳峯，雲間人。

海上仙家去不遥，天邊雲路自岧嶢。吹殘鐵笛琪花落，舞罷荷衣翠蓋飄。萬疊峰巒低海國，千年棟宇説隋朝。平生本是煙霞骨，白日乘鸞下石橋。

葉海峰遊天台山水問訊　周志偉號陽山，本府太守。

日出天台生紫煙，飄飄仙子到何年？風波不作滄洲夢，歲月翻耽華頂眠。石室豈緣丞相去，花源莫信玉人憐。山中瑶草倘能拾，海上閬丘謾惜傳。

舟中思天台　王　坊字崇賢，號寧山。尚寶司卿。黄巖人。

昨夜雷聲挾雨聲，雙蓬撞撼旅魂驚。崩騰水落渾無盡，宛轉山來空復情。天霽群鷗依舊集，風恬五兩翣時平。石梁華頂長牽夢，此度端期次第登。

天台山圖　邵　寶字國賢，號三泉。禮部尚書。

東南佳勝是天台，劉阮當年亦偶來。仙藥有無君莫問，山中桃是世間開。

題畫天台景　范　吉字以貞，號柏軒。寧國太守。

萬丈華峰倚碧空，松篁臺殿白雲封。石梁咫尺桃源洞，游遍名山興未窮。

天台道上（二首）　黄承文字伯敷，號石洞。黄巖人。

幾度天台望赤城，遥看石堞紫霞明。風回古洞千巘静，水到清溪萬壑驚。塵路獨憐成浪跡，松關此日寄雲萍。行行謾謂桃源近，回首當年空有情。

迢遞華峰霄漢邊，春風猿鶴自年年。桃源洞裡人何在？玉笥峰頭雲欲連。夾路琪花開粲粲，滿溪流水正涓涓。今來欲問長生事，雙闕瓊臺咫尺前。

遊天台山　孫　琠字幫采，號少梅。黄巖人。

寒明地迥諸天近，寒拾遺蹤勝事偏。虚谷清浮三閣磬，斷橋晴散一溪煙。杖藜不帶紅塵氣，鶴徑宜參玉板禪。爲謝無言桃李樹，嶺梅江月是因緣。

題天台山　范　樞字同仁，號中巖。

天作崔嵬鎮廓寥，三台精耀建高標。眼觀萬八空蓬島，身到毫芒渺漢霄。遜志堂堂鍾節概，希文挺挺絶塵囂。孕靈今古知無限，道學源流已植苗。

夏日遊天台山　錢　藉字汝載，號海山。御史。

煙冥冥，洞門深鎖千秋情。千秋情，梨花面白，楊柳眉清。玉泉流出哀弦聲，斷腸人去魂猶驚。魂猶驚，楚天雲雨，夢染高僧。

右調憶秦娥

天台十景　曹文晦字輝伯，號新山。鄞縣教諭。

桃源春曉

數點殘星掛緑蘿，看桃行入舊山阿。洞門花霧紅成陣，沙麓巑前翠作渦。天外曙紅驚鶴夢，水邊啼鳥和漁歌。劉郎去後無人到，吟倚春風草色多。

赤城棲霞

赤城霞起建高標，萬丈紅光映碧寥。美人不卷錦繡段，仙翁瀉下丹砂瓢。氣連海嶼貫旭口，光入溪甕生春潮。我欲結爲五色佩，碧桃花下呼周喬。

華頂歸雲

四萬八千山上山，山中夜夜白雲還。底須出岫迷六合，且復與僧分半間。古殿結陰燈影澹，長松留瞑寺門關。謫仙已覽廬山秀，留得書堂相對閒。

瓊臺夜月

萬仞臺高接絳霄，秋風吹夢度金橋。素娥獨倚白雲闕，羽客雙吹紫玉簫。清氣逼人凡骨换，孤光入酒醉魂消。繡襦甲帳今何在？誰爲天王一見招。

石橋雪瀑

山北山南盡白雲，雲中有水接天津。兩龍争壑那知夜，一石横空不度人。潭底怒雷生雨雹，松頭飛露濕衣巾。曇華頂上茶初試，一滴曹溪恐未真。

寒巖夕照

巉户陰森隔萬松，莫雲捲盡寺林空。天邊漸蝕千峰紫，木杪猶餘一縷紅。兩箇歸僧開竹院，數聲殘磬度溪風。憑誰唤起寒山子？共看迴光入梵宫。

雙澗觀瀾

桂峰堂下翠紛紛，俯檻澄淵氣自芬。兩澗合流元有緒，八風吹水自成文。沄沄尚想在川上，混混終當放海瀆。欲舉源頭問寒拾，兩亭晝日對松雲。

螺溪釣艇

舊日溪源浸巨螺，一竿來此老漁簑。遠尋短棹孤吟興，高唱斜風細雨歌。夜泊松潭明月近，晝眠花港緑陰多。朝朝老瓦盆邊醉，吟看王孫細馬馱。

清溪落雁

清溪溪口荻花秋，底事年年伴白鷗？北去不辭書帛寄，南來非爲稻粱謀。荒煙渺渺長橋外，落葉蕭蕭古渡頭。見説洞庭風日好，碧波千頃少漁舟。

南山秋色

觀彼南山小衆山，霜明紅樹碧雲寒。餘清入座挹不盡，積翠染空濕未乾。漠漠秖愁晴霧隔，霏霏休待夕陽看。何人會得悠然趣，前有陶公後有韓。

國清寺

皮日休字襲美，襄陽人。咸通及第，著作郎。

十里松門國清路，飯猿臺上菩提樹。怪來煙雨落晴天，元是海風吹瀑布。

陸龜蒙字魯望，號江湖散人。

峰帶樓臺天外立，明河色近罘罳濕。松間石上定僧寒，半夜楢溪水聲急。

周　賀

一宿五峰杯渡寺，虛廊中夜磬聲分。踈林未落上方月，幽澗忽生平地雲。高鳥背泉生靜景，遠人

校勘記

[一]《全唐詩》作《寄題天台國清寺齊梁體》，《天台勝蹟録》省。

當燭想遺文。暫來此地歇勞足，望斷故園滄海濆。

賈　島[一]字浪仙，范陽人。爲浮屠，後舉進士。

辭秦經越過，歸寺海西峰。石澗雙流水，山門九里松。曾聞清禁漏，又聽赤城鐘。妙宇研磨講，應齊智者蹤。

校勘記

[一] 按：賈島此詩《全唐詩》題作《送僧歸天台》。此是編者所改，下面幾首亦同。

畢士安郡守。

三四百年寺，今來國又清。若非逢聖祚，徒自有嘉名。月殿五峰色，風松十里聲。不緣君命速，便好脱塵纓。

夏　竦字子喬。

穿松渡雙澗，宫殿五峰圍。小院分寒水，高樓半落暉。葉從金地下，雲向玉京飛。欲問西來意，誰傳智者衣？

洪　适

紺宇今方盛，名知國已清。萬松九里影，雙澗四時聲。扙策將窮覽，巾車不計程。登堂山更好，人去曉猿驚。

樓　鑰

夾道青松引客來，五峰雙澗擁樓臺。豐干饒舌留公案，隋帝遺書暗古煤。最喜親輿來里社，真成春月上天台。陰雲掃盡尋幽去，佳處端疑爲我來。

葉清臣字正卿，長洲人。

紺宇初成國已清，千靈慈護屬仁明。山僧了得真空觀，好續爐薰傲太平。

趙　湘

物外千年寺，人間四絶名。兩廊諸嶽色，九里亂松聲。海氣標僧院，秋鐘徹縣城。夜來疎磬斷，月影遍樓清。

蘇　澥

自嗟靈骨久埋淪，惆悵當年舊事存。青眼重開蕭寺路，無人隔夜掃松門。

史　藴

十里松關路，門開對洞天。山神曾獻地，海衆此安禪。鐘磬開巇谷，樓臺跨石泉。高峰智者塔，長與赤城連。

李元凱

智者高蹤接沃洲，石梁仙跡我同游。已無月桂籠禪壑，猶有祥雲鎖寺樓。疊砌崚嶒封碧蘚，五峰蒼翠覆寒流。却緣王命相拘束，不得躋攀再上頭。

姚　孳

梵宫四面五峰巑，兜率豐齊倚碧巒。會有寒山重到此，倩誰試與問豐干？

陳堯佐

南越第一寺，偶來心地真。却嫌橋下水，流去入紅塵。

章得象郡守。

松韻蕭騷十里清，入門毛骨冷如冰。題詩已有丹青筆，悟法應多黑白僧。風雨只疑雙澗瀑，星辰長認上方燈。來游不是忘機客，誰到雲峰第一層？

楊維楨字廉夫，號鐵崖。本縣知縣。

到今九十日，游山初一回。五峰如五老，環坐天華臺。試尋旃檀像，還如靈鼠灰。禪宫隨國運，興圮不足哀。名山在四絶，自足雄一台。直登更好頂，頫見群山孩。我非閭丘子，來覓灶下僊。但呼拾得帚，浄掃雲根苔。

趙師秀字紫芝，號天樂。

殘燈吹了閉禪關，風約孤雲滿砌間。本爲飲茶妨睡早，强尋詩句擬寒山。

吴　仕福建人，本學司訓。

國清名刹倚雲偎，雨後尋幽小徑開。幾樹碧桃方外境，千年丹灶竹邊臺。雨華亭古間秋日，臣草碑横半緣苔。飲盡松醪心已醉，不知煙暝鶴飛回。

一徑花紅襯馬蹄，萬松深處訪招提。五峰倚漢浮青黛，雙澗分流出碧溪。丹灶灰寒仙跡遠，秖園花落鳥空啼。老禪愛客留連久，醉筆吟成日已西。

劉知過字與機，有《江東天籟集》。

野人行遍天台寺，究竟招提此最奇。十里遠排青蔭入，五峰如案畫圖窺。隋初便有高僧傳，火後都忘過客詩。重到定知非遠約，岸巾高處立多時。

許　嗣字繼可，號得静。

五峰如五龍，雙澗如雙虹。古井深通海，好亭高入空。赤城山不遠，華頂路相通。佛法本無二，人心自不同。

夏　迪字廷簡，副都御史。

振鐸鈴鈴下五臺，披蓁陟峭入天台。萬松夾徑莓苔滑，八桂凌霜錦繡開。曉洞龍歸雲入缽，晚朝鷗逐浪浮盃。雨花亭上涼如水，貝葉經幡取次裁。

褚　楷

静愛禪林好，攜朋十里來。高僧胸次豁，逢客好懷開。論道無邪行，吟詩有逸才。留連天色晚，松際鶴飛回。

杜　寧

松檜陰森古木深，雨華亭外足行吟。南朝風景來清眼，方外交游愜素心。黄菊葛巾陶令酒，高山流水伯牙琴。長安見説春如海，花落依然是绿陰。

夏　塤字宗成，號介軒。都御史。

佛殿僧房鎖夕暉，重來又是十年期。若教坐石論興廢，只有青山是舊時。

朱　挹字世清。貢士。

十剎國清天下寺，老夫扶杖強來尋。五峰矗矗春常在，雙澗泠泠秋處深。霞映竹房空有色，月臨松殿浄無陰。三年兩度逢僧話，百歲那知幾度臨？

懷　讓天童寺僧。

遠問天台訪五峰，短筇扶入翠重重。溪風滿寺散花雨，秋色一簾横古松。童子倚門長唤鶴，老禪談法解降龍。嬉游何日更相遇？雲逐水流無定蹤。

施　槃字彦器，號新齋。副使。黄巖人。

東越禪林此作魁，迢迢石徑入雲隈。五峰霞影天花雨，雙澗寒聲地軸雷。白晝叫猿遊客恐，黄昏騎虎祖師回。閭丘太守今何在？遺灶猶存爨足灰。

吴子孝字純叔，長洲人。本府推官。

寒山四顧碧崔嵬，地布黄金有佛臺。石上僧歸留虎卧，林間鍾静信猿哀。半空墜葉疑花雨，中界鳴泉訝旱雷。別去他年須悵望，雲梯月磴記邅迴。

鄭善夫

咄咄長廊下，唱歌誰與聞？世人皆夢寐，之子獨風雲。土浄菩提路，天垂星斗文。猶存頂神咒，至語未曾分。

賈　恒字一之，號白齋。

十里青松到白雲，寺前斜倚兩溪分。山僧有約遥相待，笑倚青藜立水根。

夏　鍭字德樹，號赤城。大理寺評事。

縣障入此川原好，九里煙霞小洞天。雙澗雲飛珠溜合，五峰晴颺繡雲連。粘衣浄鉢看蜂墜，背月幽林妬鶴眠。遠興未忘心意極，白頭先愧此山泉。

王　鐶字崇重，號松窗。工部主事。

寂寂空山與世違，白雲流水護柴扉。草荒石徑無人到，月滿松壇有鶴歸。貝葉陰幽埋古塔，琪花香老照空磯。壁間留得紗籠句，深夜有光明紫微。

王宗元字了春，號西軒。

古寺剗游跡，松濤索我詩。石容流水過，山礙野雲飛。雅飲逢秋好，豪吟恨月遲。暢師閒話久，一笑却忘歸。

童　悦字思道，號南城。

郭北迢迢入茂林，參差五老兩溪潯。數聲啼鳥藤花落，拂石坐分松下陰。

魯　諤字公言，號梅軒。亳州通判。

絶勝佳山水，成閒試一游。魚從深澗躍，鳥向茂林投。苦藥堪瘳疾，奇花可映眸。笑談天地闊，歸詠興悠悠。

王　度字律生，號石梁。太守。

連夜喜無塵土夢，今朝果得國清遊。古來風物依然在，世外煙霞半已收。荒殿僅存隋社稷，斷碑還憶晉風流。石梁況在青天外，明日芒鞋我未休。

僧木菴海寧天寧寺。

錫杖挑雲下翠微，深深禪榻鎖斜暉。石鋪月色水流出，山隔鳥聲風送歸。縷縷篆煙騰石鼎，霏霏嵐翠濕人衣。六塵頓覺無根蒂，長嘯一聲驚鶴飛。

上方清致隔塵喧，到掛蒲團了了安。明鏡臺空方丈室，菩提樹老給孤園。金鋪世界月當户，翠壓欄干松滿軒。俗客試過閒半日，一方清趣不勝言。

雲樹層層接上台，白雲深處結樓臺。幽生竹影月穿破，翠擁嵐光雲放來。擾擾塵凡棊世變，慳慳詩興酒兵催。滿懷俗慮都忘却，帶得煙霞兩袖回。

上上頭來兩上巔，始知世界廣無邊。地恢襟帶闊吞海，山削芙蓉高插天。偷果老猿窺日嘯，避人蒼鹿傍雲眠。赤鬚白足閒無事，永祝皇圖億萬年。

煩懷排却訪禪林，竹木森森梵宇深。野徑花殘春寂寂，金爐香靄晝沈沈。白雲横補山腰缺，落日斜添佛面金。墨客慢嫌詩思澁，強留壁上待賡吟。

單允中號錫夆，無錫人。

斷碑荒蘚合，老衲不知年。寺古雲常護，林疎月到先。藥爐含宿火，茶灶吐新煙。試問桃源路，山中别有天。

王　健號鶴泉，温州人。光禄寺少卿。

招提面面翠爲屏，聞説金仙舊著靈。歲久丹青猶有色，地幽草木不知名。龍蟠時作源潭影，虎去猶存踞石形。欲訪閭丘送衣處，前山花雨晝冥冥。

葉良佩字敬之，號海峰。郎中，太平人。

儋簦獨訪寒山灶，被酒還賡太白歌。十里松聲行自好，五峰月色夜如何？秖林創自隋文祖，禊事傳從晋永和。踈放謾言衣袖窄，清羸隨處蕨薇多。

韋商臣字希尹，號南苕。長興人，僉事。

國清天下勝，今日得徘徊。灶長寒山草，崖封拾得苔。五峰平地复，雙澗自天來。記取流觴處，重林夕照開。

蔡紹科號黿厓。大理太守。

至人開寶刹，分野屬三台。排闥五峰秀，侵衣雙澗苔。高僧談脚灶，仙客覓浮杯。欲訪明巑勝，慚無快馬來。

徐　璟字邦介，號石門。汶上知縣。

十里松門別有天，襜帷欵馬喜相聯。虹梔遠渚收殘雨，鳥度平林織晚煙。澗水縈迴驚異客，天花飛墜想當年。山僧莫數隋唐事，仙跡冥玄恐浪傳。

蔡宗堯字中父，號東郭。舉人。

萬松十里探風泉，却憶禪關有二仙。灶石尚餘萋露草，碑文猶自鎖寒煙。聊尋短壑違塵事，咲采寒花結道緣。尊酒放歌山欲暮，白雲紅葉總相憐。

莫　恩號葵窗。台州衛指揮，武進士。

十里松陰繞徑來，國清梵宇壯天台。月留塔影迷間地，露滴碑文洗舊苔。清夜獨扳龍角夢，中秋先對桂花杯。何須跨鶴遊仙島，今日蓬萊頂上回。

徐　商字尚質，號日峰。知縣。

水落緑鋪雙澗合，雲開青送五峰明。春光一咲歸來晚，十里松風醉不醒。

明　統字宗遠，號石瀾。明巖寺僧。

絳色繽紛塵海隔，支提千尺頂中天。隋唐人去遺碑在，寒拾臺荒蔓草連。密樹罅通紅日下，飛泉上有白龍眠。緬懷一行當年事，雙澗何曾見逆泉。

賈　穎字宜實，號謙宇。泗洲司訓[二]。

蓬萊即此信非遥，却笑秦王渡海橋。雙澗雲根流屈曲，五峰天際聳岧嶢。行尤深處山尤好，上更高來景更饒。偶共高人恣遊覽，不知松外雨蕭蕭。

招提一過興悠然，謾把興衰問老禪。怪見頹垣皆枳棘，不知滄海幾桑田。鳥啼深樹閒清晝，猿咲空厓瞑暮煙[三]。笑看萬工池畔草，年年春後碧連天。

校勘記

[二] 胡按：「泗洲」，疑當作「泗州」，泗州，治今江蘇盱眙。

[三] 胡按：「瞑」，疑當作「暝」，形近而誤。

應大桂字邦材，號立齋。太守，仙居人。

國清千古寺，勝概壓三台。寶塔凌青漢，珠宮翳緑苔。山川縈法界，松竹映吟杯。我是閭丘守，寒山可復來。

周志偉

寶殿珠林一徑遥，炎天車馬駐岧嶢。諸峰雲斷芙蓉出，萬竹風生律呂飄。白鶴蒼松仍我輩，金書玉簡自前朝。生緣不及閭丘守，悵望仙蹤過石橋。

聞人銓號北江，餘姚人。提學。

郭北青山十里遥，珠林棟宇舊岧嶢。清尊吸盡曇華老，翠壁窮躋貝葉飄。喜對雲堂酬夙賞，細模碑蘚認前朝。松濤萬丈仙源溢，銀漢何年駕鐵橋？

潘　漢字朝宗，號五峰。進士。

地僻山迴古徑迷，五峰聳出青山低。乾坤若了支持計，到處何人不杖藜？五峰交翠夾雙泉，癖性那能了俗緣？欲借赤城山半畝，倚霞結屋塹相連。

德　榮號樗菴。本寺僧。

竹院深深近翠微，短簾時墜爲斜暉。香殘瓦斷僧初定，月上松巢鶴未歸。落澗秖爲煎茗水，飛雲難作坐禪衣。客遊正值春將半，風落桃花片片飛。

地僻而無車馬喧，禪僧入定晝長安。誰知今日招提境，也是當年秖樹園。一帶流泉應繞寺，千竿脩竹正當軒。木菴何日能相會？試把新詩細與言。

心如秋水湛然清，自別山門幾客程。曉月一杯浮浙水，春風短策赴霞城。逢山便欲歸圖畫，到處留題爲刻銘。十載神交今始遇，一宵清話罄平生。

擘開煙霧聽談玄，萬木林中別有天。寶座巍巍安象馭，金爐靄靄噴龍延。月明池水玻璃濕，霞絢袈裟錦繡鮮。滿地落花慵不掃，信知物外果神仙。

古寺清幽絶點埃，山如圖畫自天開。鹿麋慣自依禪榻，蛇虺能馴入草萊。風月無情仙已去，溪山有意我頻來。秖緣地僻人行少，野徑長年長绿苔。

諸友示余春遊國清之詩和答　許　嗣

萬樹松陰捲翠濤，遊絲舞絮滿林稍。五峰日暖龍蛇遠，雙塔春深燕雀巢。丞相故基雲氣合，仙人遺跡蘚痕交。豐干去後無人到，寂寂空門久不敲。

陪梁參憲遊國清　魯　穆都御史。

雅節寄士林，流光饒宛轉。歸來無幾何，又復經飲餞。邂逅會同襟，按部車轔轔。攬轡日多暇，風度肅宏遠。約我以遊娱，登臨歷陵緬。豁徑夾萬松，陰森遶密箭。雙澗瀉鳴琴，五峰奪層巘。寒山有遺蹤，茫茫誰能辨？定僧談玄微，官客相繾綣。仰止思靡馳，習險情還展。棲志托幽深，濯纓俯清淺。金素澄紺園，光風蕩蘭畹。良覿欣晏如，妙契覺而闡。飄然物外趣，緩步歸慮欵。逍遥極良辰，煩襟足取遣。願續興公篇，騁辭愧連蹇。

自德安歸偕杜内翰同遊國清　范　理字道濟。吏部侍郎。

飄颻隨薄宦，兹遊久已踈。纔從松徑入，便覺心境舒。稍稍即幽秘，荒宇凌空虚。五峰森羅列，晴嵐滴襟裾。寒泉落幽澗，左右相縈紆。鷄犬復廖寥，麋鹿馴庭除。儵然人世外，不覺輕名譽。況偕金閨彦，清論飛瓊琚。許身既世事，瞻眺徒躊躕。相期在歲晏，卜築來此居。

遊國清次謝方石先生韻（三首）　盧　濬字希哲，號歸溪。南安太守。

五峰聯兩澗，萬古此奇山。自笑風塵客，偷來半日閒。

昨醉山頭酒，今登門外山。鳥從黄葉度，人共白雲閒。

落照催歸鳥，寒松伴舊山。青雲南北路，誰似老僧閒？

雨中遊國清寒山子韻　張　庭號五兀山人。浙江僉事。

零雨度空山，雲亂迷人跡。五峰接青冥，雙澗漱白石。仙蹤不可招，時代忽復易。振衣坐僧房，超然有清益。

宿國清寺　洪　洙號西淙。浙江參政。

看山隨所適，蒼嶺又天台。渴飲湫中水，饑忘石上苔。寺幽嫌俗客，僧老共清杯。莫問寒山事，恐知刺史來。

蔡　潮字巨源，號霞山。河南布政。

橋横雙澗寺門開，争得時時此一來？高塔倚雲標佛國，好花迎客上仙臺。香燈影裡人煙静，鍾磬聲中歲月催。最喜山僧無俗事，雨天移竹傍樓栽。

汪應軫號清湖。提學。

萬山行盡逢禪榻，一入松關卧白雲。露下老僧留晚酌，滿天空翠月紛紛。

雨後宿國清　徐　濟字楫之，號前川。本縣知縣。

雨後欣逢風日晴，登臨殊覺可人情。山呈曠野千峰出，水衍寒潭一帶清。野老門廧紅樹掩，梵王宫殿白雲生。天台自是神仙地，今我來時若有盟。

同夏赤城遊國清 鄭善夫

侵曉布袍沿澗入，黄蒿古殿雨濛濛。頓能自拄蒼玉杖，便擬分眠紫極宫。二子空笠霾草色，五峰芳樹散雲容。春來病骨一杯足，未植蓬華煙雨中。

同宫直謝與槐遊國清 秦鳴夏字子亨，號白夆。太子中允。

尋遊兩度躡仙蹤，鸞鶴晴臯處處逢。塵跡久慙名勝境，壯懷長倚最高峰。洞門半拂藤蘿影，谷溜寒飛振鷺容。布襪芒鞋清興劇，茂林脩竹午陰重。

和　韻 陳　堯號梧岡。本府太守。

躡屐來尋物外蹤，桃源還許謫仙逢。鶯聲晝合藤蘿路，雲氣晴飛鸛鶴峰。一水故縈丹洞口，千花遍照玉人容。石梁橋畔乘風去，知上瑤臺第幾重？

北歸遊國清寺 陳　堯

迤邐雲山紫氣來，飄飄巾舃獨登臺。金銀樓閣諸天麗，風雨松杉萬壑哀。幽鳥背巖娱客聽，殘花迎夏傍僧開。塵纓苦憶滄洲遠,白日長歌重首回。

再過國清口占　謝少南號與槐。本府推官。

遺化前賢地,予憐兩度過。谿風移玉箔,峰日幻金荷。靈境暄涼異,空門歲月多。諸天未可望,寶樹接婆娑。

陪王龍淵別駕避暑　黄　約

逃暑國清寺,萬松陰竹扉。明公何自愛,野老已忘歸。洞樹留雲薄,巗藤垂户稀。石梁天半在,高興欲先飛。

陪李古容節推遊國清　陳　紱字文治,號兩巖。梧州判府。

遥臨使節荒山重,清思高談晝日懽。有意斷虹收宿雨,多情青鳥下層戀。禪棲竹鳳一塵遠,屋傍龍潭六月寒。記得晦翁詩句好,滿前風景要人看。

同潘梅壑徵君遊國清　林文相字天寅，號重洲。貢士。

看山有興攜黄綺，長夏來遊到國清。藤蔓危岑頻拄杖，松高虚谷亂鳴鶯。五峰過雨林花濕，雙澗泉迴玉蝀明。日暮不知筋力倦，夢中猶記石橋醒。

次韻　潘瑊

生平性癖耽山水，十日從來九國清。老去不妨呼病客，春來偏喜聽啼鶯。尋真漸覺浮雲散，了悟還看皎月明。今日重洲林部首，人間獨羨老夫醒。

重遊國清　魯昇都御史長子。

國清山水何奇絶，蜿蜒十里來不歇。五峰上薄霄漢高，雙澗下走寒泉冽。梵宫突起山之中，寺前有橋遊客通。日落堂西禪語稀，已聞方丈鳴夕鐘。

袁　暠字德廣，號知止。

勝地重遊處，橋憐再度時。依然流水在，不見舊相知。草色侵衣袂，花容醉酒巵。西風如有意，催雨又催詩。

冬至暮國清寺留題　劉昭禹

天台山下寺，冬日景如屏。樹密風長在，年深像有靈。高鐘疑到月，遠燒欲連星。因共真僧話，心中萬慮寧。

國清寺泉時有绿蟾蹲崖石西　高似孫

崖腰溜清水，素光遥玉宇。其陰透碧海，有石如砥柱。深知老龍都，直入蓬萊府。仙雲蕩良閏，積雪明深暑。陰陽若在兹，呼吸多成雨。孤花棲暗芳，瘦木干危古。娟娟绿蟾蜍，曾識廣寒女。深疑珠宫物，内敬不敢侮。山僧借一茶，自研仍自煮。相從有覺意，兩惧無凡語。欲分鮮花屏，稍蓋松風廡。銅缾取明月，洗此文字苦。

更好堂　謝　伋

丹梯寧服倦扶笻，聞説青山又改容。下界已同三絶寺，上方仍對妙高峰。聊須小憩空心榻，莫慮遥聞齋後鍾。脚力也窮聊應接，兹時目力更難供。

王　喁字季夷。

萬里同行一瘦筇，尋山問水有先容。更窮天姥投南路，已過台山第幾峰？從此又隨雙澗月，不妨更接五峰鐘。却從更好堂前望，滿眼詩材思不供。

三賢堂　楊　傑

豐干

從來清浄土，鼎足聖賢聚。騎虎歸故鄉，世人猶未悟。

寒山

家在天台寺，雲巘萬丈潭。本來人不識，饒舌是豐干。

拾得

拾得元無姓，山前拾得來。有攜一掃帚，不是掃塵埃。

三賢堂　張景脩

如是國清寺，宜乎天下聞。水聲常夜雨，山氣即朝雲。今古三賢隱，仙凡兩路分。唐人書畫在，明日更殷勤。

五　峰　潘　夔字堯卿，號野泉。

入寺五峰開，出寺五峰合。峰峰好寒翠，白日滴松葉。

夜宿更好堂　沈　揆字虞卿。

堆案文書在眼前，身聞俱是好林泉。乞渠解褐休雙足，爲結山中飽睡緣。

卷二

赤城招仙賦　張賢良

張子返遊吴之棹，泛入越之船，歸子晉吹笙之臺舘，尋謝公著屐之山川。杖策於天台之境，濯足於清溪之泉。有山蒼蒼，蜿蜿迴延。排幽巘與秀壑，儼龍蟠而虎眠。

於時初霽小雨，平收暮煙。鋪紅滴翠，錦屏疊聯。驚圖畫之所就，掛千尋而倚天。行人指之曰：「此赤城也。洞名玉京，仙風凜凜。别有天兮，瑶池閬苑；中有人兮，翠華偓佺。有金丹瓊液以養其真性，無蝸名蠅利以撓其天全。飡胡麻與沆瀣，能不老以長年。」張子聞之，蚩然而喜，思欲飄飄，拂衣浩歌而前。攀藤蘿於絶壁，拂蒕蒨於層巔。扣松關而掀蕙帳，陪仙遊而悟真詮。高談世外之事，一濯於塵緣。奈仙人招之兮，勒回俗士之駕；惟見峩峩雉堞，空鎖鑰於天邊。攬野花而生香，鬬鮮紅而争妍。雲飛片段兮張屏幙而圍繞，霞飛錦綺兮舞衣蘿之翩躚。弄笙簫兮溪流泯泯，擁鸞佩兮山鳥翩翩。清猿叫兮天地俱冷，晚晴照兮山水添鮮。覺徘徊之既久兮，忘世故之拘攣。恍然如飡王母之蟠桃，燕嫦娥之嬋娟。若在乎清明之風露兮，不知名利之所牽。奈何俗緣之未斷，眷然有歸於之興。膏吾車以言邁，莫遲留而少延。

嘗聞司馬子微身居此山，名在絳闕；李謫仙相見於江陵，謂其有仙風道骨，可與神遊八極之表。予豈塵埃人也？予師黄石公，予友赤松子。異日掛冠於功成名遂之日，將隻鶴相見於白雲之巔，尚未晚也，幸相待焉。一劍横空，來飲洗腸之水；長鯨駕海，更邀捉月之仙。因歌曰：

晚天因雨磨青銅，天邊一色猶青葱。秀山遠出三四峰，上有千古仙人宫。仙人在兮花露濃，山間日月常春風。仙人去兮鷄犬從，清猿叫落秋復冬。高城百丈苔蘚封，但見古塔撑青空。劉晨阮肇皆仙翁，仙源有路應相通。我來過轄情匆匆，未能同跨青鱗龍。扁舟異日來相從，應見滿溪流水桃花紅。

蕴　常字不輕。有《荷屋集》。

拄藜扶我過橋東，便覺晴嵐翠掃空。紫府百年藏玉簡，丹崖千丈挹仙風。釋籤書到新羅國，卧佛巇連舊梵宫。稽首導師悲願在，我寧辛苦守詩窮。

洪　适

平生幾讀興公賦，今日霞標對赤城。此是南門入山路，袛應乞我一番晴。

衝落絳桃花。

左　贊

夙愛赤城好，遊觀忘路賒。石屏留野燒，雉堞起朝霞。想近臙脂嶺，疑藏句漏砂。月明丹鳳下，衝落絳桃花。

范　理

軒冕信羈人，佳遊久未展。偶歸一冥搜，猛欲窮崖巘。紺宇雲尚封，苔階未經踐。山露染衣裾，澗水清且淺。緇侶忻相延，經聲聞更遠。超然志慮空，塵念無煩遣。赤日已西移，忘却行騎轉。

郁　浩

肩輿直欲上招提，石逕崚嶒路轉賒。古碣重埋滄海雨，吟毫輕染赤城霞。軟紅扉裡啼春鳥，嫩緑巉邊奏暮笳。雲樹蒼茫回首望，不知何處是京華。

范　吉

一柱擎天散綺霞，朝陽映處更堪誇。四時不改雄台境，天下文章自一家。

夏　鍭

荒地向蛙黽，古殿空丹漆。客來掃紫苔，共卧青山日。徑迴秋草長，中有优婆室。飽路在寺門，松高鶴飛一。斜陽流水外，人境燒山前。長風起西北，吹月上空天。月色夫何如？皎皎青竹輿。在輿天何如？一吐雙明珠。名山一爲樂，霜清波水涸。曉拂梧桐枝，即事不如昨。但恨瑣飲人，無材稱大酌。

潘　瑊

峰巒迢遞應三台，絶頂浮屠霞作堆。洞口雲歸春雨散，溪邊日出曉煙開。投龍天子來何遠，跨鶴真人去不回。我有金丹容易熟，笑看塵劫事輪迴。

鄭善夫

天台山前黄鵠飛，仙人城闕赤霞圍。最憐謝女蓬萊去，不識人間馬子微。

王正億字仲時，號龍源。陽明先生之子。

發興繞天涯，赤城千丈霞。登臨秋日霽，吟詠晚風斜。樹密遮虚洞，山寒集暮鴉。桃源還浪跡，此地擬爲家。

題赤城中巘寺　許渾

蒼蒼松檜陰，曉日露西岑。素壁秋燈暗，紅爐夜火深。廚開山鼠散，鍾盡隴猿吟。行役方如此，逢師懶話心。

周朴

浮世師休話，晉時燈照巘。禽飛穿静户，藤結入高杉。存没詩千首，廢興經數函。誰知將俗耳，來此避囂讒。

夏竦

丹壁排空峭四濃，上真應此駐靈蹤。煙沈曉日明孤頂，雲破餘霞出半峰。巖下法師曾伏虎，洞中天子屢投龍。他年翠蓋東巡狩，玉牒終須受大封。

洪　适

覽勝尋幽興所耽，不教騶哄宰筠杉。霞成散綺留仙訣，露磴凝珠拂客衫。曾有金龍潛邃洞，却因赤蟻遠層巖。來遊無復從容計，自咲羸驂東轡銜。

玉京洞

余　爽

羽駕歸來洞已扃，洞門深鎖讀殘紅。瓊臺一覺仙都夢，不是松根長茯苓。

東臨滄海晏群仙，誤入桃源小洞天。一局殘棋消幾刻，老龍鱗甲已蒼然。

半山松柏散天聲，芝蓋當年憩赤城。我是上皇芸閣吏，玉京應有舊題名。

洪　适

飈輪曾此宅靈仙，洞府今稱第六天。規往不辭蘿蔓險，回看雲物起瓊田。

玉京山　楊維楨

上界繇來足宫府，玉京移得在人間。赤城飛動霞當户，銀漢下垂星滿壇。響石忽聞人語畣，鳳笙時逐鶴聲還。辛官喜在神仙窟，何必更尋勾漏丹。

春日發赤城　鄭善夫

碧海春信至，赤城愁思深。雪消千澗疾，日落萬方陰。畢歲皆行役，凡軀故滯淫。西歸負良友，忽爾長蓬心。

題赤城崖坎　盧濬

巉覆霞生贅，峰巍雲作冠。眼青孤鳥盡，胸盪九州寬。桑梓吾之族，蛟龍昔也盤。歸途雄馬首，溪響月團團。

赤城僧房　賈恒

一龕佛像一函經，鏁屋閒雲不見僧。我入雲迎出雲送，可無題作訪雲亭。

壑中　賈恒

誰遣一壑在空山，天與山人待老閒。石面不因溪雨散，杖頭常帶夕陽還。鶯花漸改人間世，厓壁猶存太古顔。流水似嫌遊未數，灘聲對我益潺潺。

赤城霞圖　張來儀

結髮好名山，遨遊遍吴越。東游不到天台路，長憶興公賦奇絶。赤城焕高霞，翩然空中舉。靈溪碧草春淒淒[一]，瀑水和風響秋雨。我欲振金策，飄飄凌九垓。神遊不死庭，迴光眺瓊臺。手招丹丘人，共卧石山苔。紅顔去人不復返，老大求仙蹉跎晚。生今去古愁人心，贈我赤城圖，吟隱赤城吟。勞勞亭下一杯酒，離愁萬里生秋陰。客來明日當早發，雲飄孤飛度東越。國清寺前千丈松，歲晚應歸望山雪。道逢寒山子，爲寄相思情未絶。山人若欲知我心，五界峰頭弄明月。

校勘記

[一]「淒淒」，當作「萋萋」，同音相假也。

從剡溪至赤城　顧　況字逋翁，蘇州人。

靈溪宿處接靈山，窈映高樓向月閒。夜半鶴聲殘夢裡，猶疑琴曲洞房間。

由佛隴尋太平寺　夏鍭

空山扙履，獨樹孤雲。何以寫意？有童無琴。

發國清投高明　夏鍭

深山小路，脚帶鳴泉。澗收隥起，雲斷石聯。碧落過輿，地底炊煙。險中集勝，理或補偏。計程量晷，眺下青蓮。

冬至日遊隱巘　王夔字廷弼，號石峰。

一陽初復日，又上隱巘頭。風日先春暖，壺觴傍石幽。素煙穿落木，青嶂映寒流。拭目千年景，驚心兩鬢秋。笑看飛漢鳥，閒逐睡沙鷗。行樂都無訝，人生夢裡遊。

遊石橋至塔頭路　徐大受字季可，號竹溪。

招手晴雲豁，妙高峰頂頭。竹輿摇午夢，茗碗破春愁。俎荳羅千嶂，虚心起一漚。危欄閒徙倚，萬象入冥搜。

登塔頭山　范　理

年來踅息機，曉出尋幽秘。纔登佛隴岡，森然列多異。遠山紫翠重，近郭煙花媚。輕雲冒層巔，遠靄埋深寺。參差萬井中，困覽惟一視。即此已蕭森，萬事都如棄。前搜何用窮，內省牽多慮。吾簪如何投，時來滌煩思。

大慈山　賈得舉

金刹幡雲擁翠峩，衛王祠下得經過。六時花雨天香滿，萬壑芝煙玉氣多。渡海有僧留錫杖，歸田無客卧松蘿。三生欲問盤陀石，塵事茫茫奈老何？

大慈寺　葉清臣

佛隴光沈茂草平，樹林猶作誦經聲。一心三觀休分別，秋静山高海月明。

王十朋

嵬嶺迢迢入翠微，梵宫佛隴鎖煙霏。斷碑古寺曾經眼，剛笑陳隋事已非。

蘇　瀣

身去寥寥無朕跡，此時誰會真消息？ 黄金靈骨今尚存，指示世人人不識。

大慈寺佛隴　洪　适

振策快秋晴，伽藍倚翠屏。看雲不留瞬，對竹已忘形。銀地聲千載，虹橋拱百靈。至今鐘磬響，如講浄明經。

陸　焕

天下紛紛吹戰塵，我來佛隴悮脩身。依然猿鶴如相誘，知是山中幾世人。

大慈道中　趙師秀

青苔生滿路，人跡至應稀。小寺鳴鐘曉，深林透日微。野花春後發，山鳥澗中飛。或有相逢者，多應採藥歸。

雙溪路　夏　鏌

細路迢迢縈翠微，竹輿披草露翻頤。午時正座妙蓮閣，指點群峰下夕暉。

雙溪夜坐　曹文晦

微月懸孤榻，殘雲過斷塍。松風林外笛，茆屋水邊燈。久坐忘爲客，清吟未得朋。沙頭有飢鶻，昏暝亦飛騰。

石橋路　潘　瑊

曉起登銀地，騎驢上半天。只愁梅子雨，幾日坐青蓮。

天封道中　韋商臣

崇岡絶壁萬重開，白石清泉一道來。蘿徑迂迴上霄漢，煙村縹緲接蓬萊。

題摘星嶺　左　緯

已知星可摘，須信路皆通。日影穿雲薄，天形入水空。遥看梁苑雪，獨揖楚臺風。指點中華地，山河萬國雄。

僧宗文

摘星高處近天宫，萬象森羅映浙東。月落涵池如玉白，日昇滄海似金紅。仰觀峰頂依稀遠，俯瞰山腰彷彿同。眼裡乾坤如許大，始知清景在雲中。

寒風嶺　陳　紱

陰陰雲壑忽晴川，疑是山中別有天。記得寒風山上缺，路歧從此隔仙凡。

高明寺　陳　宏號竹窗。

高明宫殿鎖煙霞，勢壓洪都百萬家。石甃有泉流玉液，瓊臺無路覓丹砂。黄猿夜嘯千村月，白鹿春眠一洞花。最喜道人能愛客，幾回留我飯胡麻。

澄心寺　辛　敬

瀟瀟踈雨到寒汀，晝日無人半掩扃。秋樹委霜寒更切，暮鴉投主静還輕。青蔬野飯隨僧喫，翠剡枯藤待客銘。歲歲生涯戎事息，狐槎何處寄春星。

清心寺　曹文晦

夏日清心寺，蕭蕭樹石佳。高人留别院，幽意滿空齋。松偃新移路，淵臨欲墮崖。五年纔一過，白首爲興懷。

長壽寺　方　瑀字廷佩，號心菊。

僻徑少人蹤，穿雲古寺通。泉鳴雙澗底，興發萬山中。筆愧鵞遊水，身疑鶴棲松。留題行跡在，長嘯出寒峰。

天　封　劉　丹

桂旗芝蓋翳濃陰，巘宇峥嶸枕柰林。晛座有花和法雨，龍淵如鑑徹麸金。錫杖化去圓泉在，石誌文昏亂蘚侵。塵壤漸遥天路近，慈雲輝物已灰心。

慧明字無得，號竹院。東吴人，僧。

華頂當空出，雲霞宿殿庭。八荒同納納，一氣轉冥冥。月馭經簷過，天河俯檻聽。長年苔徑合，無客到巇扃。

韋商臣

山窟前朝寺，相傳天所封。石危蹲虎豹，潭静化蛟龍。卓錫空秋水，盤陀自晚峰。淋漓樽酒好，不是乍相逢。

葉良佩

聞説天封金榜懸，休輿隨意弄雲煙。吟悰坐愛盤陀石，酒渴行窺卓錫泉。法鼓半空華頂近，曇華滿地石橋連。老僧相送雙溪道，我有柴桑舊日緣。

余世安

憶昔當年訪遠公，今來再上瑞雲峰。高僧拂塵談清晝，老鶴歸巢唳古松。落澗花流山雨急，刻碑詩在野苔封。留連深喜偕吟伯，對月虛堂一醉同。

盧濬

踏到天封景愈奇，算來真赴十年期。藤蘿一咲諸天近，梅柳休嫌疋馬遲。清磬短簾僧已定，白雲流水客何之？獨憐世路多荆棘，侵曉鶯聲亂茗巵。

龐櫟字弘壽，號瓊臺。

春日上天封，崖花照眼紅。路盤深谷裡，寺隱萬山中。雲外開重嶂，橋頭蔭古松。我來新雨霽，溪上夕陽春。

潘瑊

南越招提天自封，堯徑秦祀未全功。金仙色界開天下，驚倒人間五墨工。宮殿舊傳魯班後身造，佛是光菩薩塑。

天封宿雪　潘　瑊

透嶺穿雲眼倍明，瑞雲寒月卧先生。廚奴起報漫天雪，山水樓臺白玉京。

盤陀嶺　魯　穆

愛此幽溪若坦途，不爲茆塞不摧車。堪憎薄俗青能似，心地常生荆棘圖。

瑞雲閣　陳公輔

晴雲漠漠水潺潺，危閣春歸白日閒。若問祖師消息處，眼前環列是青山。

華　頂　賈　島

遠夢歸華頂，扁舟背岳陽。寒蔬留浄食，夜浪動禪牀。雁過孤峰曉，猿啼一樹霜。此身無别念，餘習在文章。

靈　徹字澄源，越州人。

天台衆峰外，華頂當其空。有時半不見，崔嵬在雲中。

法　具字圓復。

行盡一徑龍蛇蟠，病身忽上青雲端。天公豈念客來遠，偶然一陣松風寒。摩挲老眼坐嘆息，信有物表非人寰。去天尺五步可到，雲夢八九吞何難。微陽遠映衆山緑，景氣摇動如波瀾。青蘿吐花葉娲娲，淺水落澗聲潺潺。盤空巨石碧如削，暗澹老樹煙波漫。簷牙卓地殿影出，蝸蜒上階夜雨殘。昔人遺跡不復見，但見滿目圍蒼巒。懸知此地可送老，黄葉滿庭風閉關。玉京五城信不遠，神仙綬短誰能攀？安庸柳泌真可笑，安用採藥乘朱輪？

吴　復

楊鐵崖在笠澤，命門人吴復補之於鐵崖樂府，識者謂可亂真矣。

鐵崖仙人來自西崆峒，瓊林宴罷隨天風。天風散珠玉，乃在華頂峰。拔地一萬八千丈，但見瓊臺瑶闕巀嶪撑青空。長松倚天不盈尺，桃花水與銀河通。老仙獨睨萬物表，炯如秋水開芙蓉。火鳥夜半吐東海，石橋飛渡天門龍。九重啟金輪，千楹立彩虹。列仙夾仗冰雪容，中有晨肇雙郎之窈窕，珊瑚雜佩揺玲瓏。胡麻飯初熟，上案雙玉童。翩然迎老仙，笑語風雲從。冰松琥珀碗，霞汲玻璃鍾。陶然醉，三千霜叶春。酡顔相映扶桑紅。歸來笠澤成小隱，林屋洞訪浮丘翁。下視東蒙塵土濛，篷科萬種眠英雄。

李　紳

欲向仙峰煉九丹，獨瞻華頂禮仙壇。石標琪樹凌空碧，水掛銀河映目寒。天外鶴聲隨絳節，洞中雲氣隱琅玕。浮生未有從師地，空誦仙經想羽翰。

丘　嵩

肩輿迢遞度孱顛，上到招提地始寬。鐘鼓只從雲外聽，峰巒疑在畫中看。滿天涼露秋無際，一榻清風夜未闌。吟待扶桑紅日出，朣朧曉色上毫端。

范　理

台嶽信奇挺，絶頂復在兹。眼看東滄溟，手舉南尾箕。赤城採丹霞，玉笥横翠眉。迢迢鯨音來，拂拂香飇吹。憩殿惜深迴，沿流濯漣漪。鶴馭相翻躚，松蘿亦參差。風物多異態，長生固其宜。清爽了在目，浩浩興遐思。已添藩方寄，難忘國士知。去去畢世用，重與浮丘期。

賈　穎

華峰萬丈插雲端，此是登臨望眼寬。路入翠微風勢急，水拖白練日光寒。氤氳香霧山腰起，只尺青雲嶺外看。勝概凝眸吟不盡，何時琴劍再遊觀。

范　吉

路入華峰步步高，天風兩袖振吟豪。俯看東海一瓢水，能止吟腸渴幾遭。

周應顯字伯焕，號靈墟。

華頂崔嵬峻若梯，遊人不倦此登躋。勢參霄漢三台近，勝壓東南五嶽低。池上浮屠空窣窖，雲中梵宇湧招提。病夫年老無他事，草座麻衣喜共棲。

潘　鼎字梅友，號養拙。禮部主事。

疊嶺巑岏道里千，招提結構立層巔。故應隱者居斯地，知是人間别有天。風定械花香泛泛，月明琪樹影翩翩。道人已契前三話，幾度重參夢裡禪。

黄綰

昔年曾讀中峰語，今日來尋華頂行。俯視雲煙空界裏，丹霞映壑日冥冥。

潘瑊

頂日肩雲已近天，浮生魂夢不須憐。眼中山海地輿縮，始信峰高萬八千。

周振

崔嵬紫翠倚層霄，絶頂晴登不憚勞。湘寺惟應兹殿古，越山疑獨此山高。上方遠接兜天路，下界平翻瀚海濤。鐵瓦金身長似舊，世間何事匪鴻毛。

葉良佩

山高四萬八千丈，此是山中第一峰。太白墨池書帶長，智師螺塔劫煙空。娥江沙帶烏傷樹，括嶺雲吹白嶠風。六月我來單袷冷，朝霏塞户夕嵐重。

潘　淵字默之，號雙澗。雲夢。

駭矚參差強自躋，飛空無術有青藜。東溟地縮潮聲近，北極天垂斗柄低。六月近時還見雪，三更初候即聞雞。於今浄洗登臨屐，去踏諸嵩頂上泥。

林　篪號蟾溪。

華頂勞魂夢，登臨更好看。猿啼雲外月，僧吸日邊泉。視下不多地，升高只有天。墨池與丹灶，頃刻鎖嵐煙。

噩無夢號夢堂。

華頂高哉不易登，溪流曲曲樹層層。嵯峨陡起地如縮，廓落難攀天欲崩。山翠濕衣晴亦雨，井花寒齒夏猶冰。老僧住久生涯在，一箇蒲團七尺藤。

和　韻

潘　慎字永言，號巢雲居士。

倚笻攀磴若天登，此是名山第一層。幽澗墮林聲欲咽，高峰摩漢勢疑崩。仙翁煉藥空遺灶，老衲烹茶旋煮冰。五百應真何處去，斷碑無字鎖寒藤。

十年重向華峰登，雲裡青山幾萬層。絶頂樓高鯨韻急，古壇松老鶴巢崩。百年世事心如火，一日禪機慮已冰。吟倚小齋看亂瀑，獼猴攀果上枯藤。

夏 鍭

二十年來兩度登，擘雲還上最高層。山形北盡蜿蜒起，海氣西流混沌崩。三閣煙蘿空對雨，一亭風露劇圍冰。百年未滿勝情在，拌取桫欏映紫藤。

方 參字志覲，號菊隱。

老矣華峰今始登，芒鞋直上到層層。羲之池午墨猶涷，太白堂春雪未崩。秋雁從來能識候，夏蟲原自不知冰。行行疲倦還趺坐，笑看玄猿掛老藤。

范 吉

老去高山愈好登，不知遊跡幾多層。海生脚底寧愁渴？天閣頭顱不怕崩。縱目無邊疑入夢，洗心有竇欲涵冰。墨池書法看長在，古樹懸崖繫斷藤。

潘　瑊

二十餘年怯未登，老僧陪我躡高層。笑看六月日不暖，坐到午時雲始崩。古殿迴廊乍燬火，幽厓絶壑還藏冰。冥心欲聞天上語，恠聽畫眉啼深藤。

明　統

幾年無分泰山登，直扣華峰第一層。眼底涵虚滄海近，耳邊聽籟玉河崩。無人煉藥空丹鼎，有客烹茶汲澗冰。翻笑老猿能解悟，聞經終日坐蘿藤。

葉　慎號恒陽。

忽躋華頂嘯天封，遥指金盆湧碧空。下界塵埋三萬丈，赤霄飛駕鶴如虹。

夢遊華頂

陳憲章

逍遥華頂放仙歌，華頂不登君謂何？仰攀明月天幾尺？中借狂夫地一簑。喜見軒轅來鑄鼎，不聞夫子嘆臨河。赤城路隔芳菲斷，一醉碧桃春更多。

與周伯焕同遊華頂　潘和道號竹坡。

雲裏松蘿隱寺門，登臨又是一乾坤。星垂華蓋知天近，山繞靈墟拱嶽尊。化鶴仙人丹井古，騎鯨公子草堂存。遍尋幽勝隨金錫，回首遥瞻海上村。

華頂晴雪　曹宜約字以禮，號友橘。

千山晴雪浩漫漫，華蓋峰高曉眩看。銀地遠聯光晃朗，瓊臺孤並勢高寒。猶疑海上冰蓮涌，自覺胸中水鏡寬。毛骨灑然渾不奈，凌風直欲迅飛翰。

宿華頂　蔡　潮

絶頂登登足力疲，煙霏隱約海東陲。安知明月青天際，不見扶桑日上堦。

登華頂峰　蔡　潮

勢入層雲萬象空，漸齊泰華衡恒嵩。莫辭嵲屼輕回首，更有奇觀絶頂中。

登華頂峰　馬　域

遊山須覽勝，八百里天台。若不登華頂，渾如不到來。

孟　觀

偶因華頂宿，擡手摘星辰。不敢高聲語，恐驚天上人[一]。

校勘記

[一] 按：此詩意頗精煉警策，而作者多有異説。宋陳耆卿《嘉定赤城志》卷四〇《辨誤門》云：「舊傳『危樓高百尺，手可摘星辰。不敢高聲語，恐驚天上人』爲楊文公（指宋人楊大年）幼時詩。邵氏《聞見録》又云舒州峯頂寺有李太白題云：『夜宿峯頂寺，舉手捫星辰。不敢高聲語，恐驚天上人。』前二句既不同，而其説復異。今天台華頂峯有孟觀詩云：『偶因華頂宿，擡手摘星辰。不敢高聲語，恐驚天上人。』蓋華頂一峯，天台山之最高者，故觀詩有此語。今峯傍有摘星嶺，因詩立名。則前所指爲太白、文公語，疑好事者改之爾。」謹録以備參。

鮑朝賢

籃輿直上八重峰，千里秋蟾只尺中。寄語塵寰高會者，清光不與世間同。

華頂雪霽　潘瑊

雪霽中天色相空，玄神斲出玉芙蓉。氣吞滄海三千界，光寵台山萬八重。掃榻細看金雀啄，推窗先認石橋封。自憐身世何爲者，通藉清都一箇儂。

太白書堂　周應顯

青蓮老居士，金粟再來身。結屋華峰頂，開元幾度春？

賈　詩字永言，號石溪。

太白千載豪，神遊渺湖海。漠漠此山中，而有書堂在。礎斷緑蘿深，澗寂寒泉瀉。撫景一悲傷，彷彿瞻風采。

王羲之墨池　陳白

八重峰頂望群山，百谷東流去不還。惟有右軍遺跡在，月明時落墨池間。

周應顯

波光浴寒日，墨影亂春雲。海内今非晉，池猶屬右軍。

賈　詩

墨池千古覆青冥，内史當年寫道經。换却白鵝今不見，空遺寒碧照山僧。

望海石

胡　融字小淪，號四朝老農。

空藤拄苔磴，長咲凌秋風。天空白露下，碧落磨青銅。夜半見海日，發軔扶桑紅。黄支與流水，出没白浪中。久跨坎井見，始知天壤空。招手唤海童，寄書蓬萊宫。我欲蹲此石，投竿慕任公。巨鰲倘可得，持壓江之東。

鍊丹井

胡　融

荒巔有野井，古意豁冥搜。薜石已摧剥，雲蘿閟清幽。憶昔抱朴翁，煉液棲高丘。朝飲井中泉，暮灌井下流。丹成已蟬脱，巖花幾春秋。但見虎豹蹄，印跡碧甃頭。舉瓢酌寒泉，一飲消百憂。日暮洞恍惚，攀桂聊淹留。

右軍墨池　胡　融

吾聞逸少筆，入手銛如戈。結廬在華頂，鑿池派天河。書將鬼汗寫，墨遺神手磨。掞藻卧白雲，秃兔堆成坡。臨池日月遠，素流遍玄波。咨嗟撫遺跡，寒猿啼薜蘿。搏壁尋瘞鶴，入洞來唤鵞。長松落青蔭，石巘空摩挲。

深雲菴和潘梅壑韻　徐　商

菴落萬山雲四封，一塵飛不到其中。雅懷再愛山房好，相對閒僧共日紅。

鬼疊石　周應顯

悲風依草木，寒燐墮秋林。戲疊山中石，難摇定裏心。

黄經洞　胡　融

平生山水癖，遐往心獨款。採秀凌丹丘，忽遇白雲子。腰劍蒼龍活，野袂青霞起。邀我石洞行，共坐啗石髓。架有黄庭經，猶是東晉紙。粲若錐畫沙，其字大如指。只傳郤老術，長跪與進履。吾心在魏國，焉得給薪水。

伏虎壇　胡　融

顗公天人師，猛虎屢欲嗔。形體掘槁木，鷙心化爲仁。猥則龍象側，而作貓犬馴。礪齒怖天魔，掉尾迎山君。西伯困羑里，仲尼畏匡人。人心害賢聖，寧與猛虎鄰。

葛仙茶圃　胡　融

絶巘匿精廬，蒼煙路孤迥。草秀仙翁園，春風坼幽茗。野僧四五人，腦紺童子炯。攜壺汲飛瀑，呼我烹石鼎。風濤瀉江灘，天籟起林嶺。七碗鏖郝源，一水鬬雙井。我雖冠履縛，心樂祇園静。濯足卧禪扃，夢墮蒙山頂。

葛仙宅　胡　融

仙翁卧雲日，種松藥爐東。千載麟鬣古，突兀成老龍。蜕骨入霄漢，横身飲長風。上有玄鶴巢，下有白蟻宫。先生昔羽化，鷄犬盡凌空。如何刀圭妙，失此十八公？

華頂杖　皮日休

毘陵處士魏君有天台杖一，色黯而力遒[一]，謂之華頂杖。

金陵仙樹杖，道客自攜持。探洞求丹粟，挑雲覓白芝。量泉將濯足，闌鶴把支頤。以此將爲贈，唯君盡得知。

校勘記

[一] 胡按：「遒」，原作「遵」，形近而誤也。《全唐詩》正作「遒」。

陸龜蒙

萬古陰崖雪，靈根不爲枯。瘦於相鶴脛，奇是墨龍鬚。柱訪玄談客，持看潑墨圖。湖雲如有路，兼可到仙都。

石橋道中　盧襄

牛羊日晚下煙坡，摩眼看花手自摩。千里家鄉曾夢到，一年風景最春多。樽前有酒須相覓，眼底無愁可奈何？王事雖勞吾敢憚，猶勝乘雪下蓬婆。

枕底鷄聲月影殘，摇鞭驅馬上巑岏。路高蜀道九折坂，水急香山八節灘。茶異雪花生筋底，眼明金雀舞林端。凌晨只恠貂裘薄，山近天門分外寒。

足根重繭寸心灰，故里田園好在哉。晚浦横舟芳草遠，廢牆經雨小桃開。須知鞭馬駸駸去，不是尋春得得來。多謝殘年足公事，固將香火訪天台。

石橋　寒山子

迥聳雲霄外，雲裏路岧嶢。瀑布千丈流，如鋪練一條。下有棲心窟，横安定命橋。雄雄鎮世界，天台名獨超。

拾　得

迢迢山徑峻，萬仞險隘危。石橋莓苔緑，時見片雲飛。瀑布懸如練，月影落潭煇。更登華頂上，猶待孤鶴期。

羅　適

傳得旃檀相甚奇，紺容光徹照須彌。橋頭尊者來瞻禮，應憶靈山聽法時。

飛瀑斷巖路，天然石似梁。始知融結日，便作聖賢鄉。水静魚龍樂，山靈草木香。茶花本餘事，留跡示諸方。

李復圭

石橋嵲屼據雙流，異路常聞記道猷。五百真如誰化滅，三千色界妄探求。燈龕焰古長年在，茗碗花濃繼日浮。静境少留塵慮息，松風蕭瑟又驚秋。

郭茂倩

石橋菴下少徘徊，雪暗松林撥不開。坐久無人天向午，雙烏飛下施生臺。

張景脩

天與晴來抵萬金，更逢詩伯共登臨。輟公一夜楞嚴講，慰我十年方廣心。白雪陽春雖寡和，高山流水有知音。石橋天下無雙景，好盡平生得處吟。

金　爽

雲藏鐘鼓霧埋林，龍護山花雀散金。知道有人橋外住，青崖遮斷不教尋。

蒼崖清澗竹嬋娟，紫閣丹樓磴道連。我是夢中曾到此，故將香火記他年。

陶　穀

重重翠嶂聳雲端，玉殿金樓縹緲間。聖境不容凡俗到，故將飛瀑隔塵寰。

林季中字懿成。

卧聽泉聲似雨聲，直愁泥滑馬難行。世間疑事多如許，千百年來誰與明？

今人議論只從多，簣土那能鄣大河？　我有室廬亦方廣，歸途不向石橋過。

蘇　澥

連雲翠靄疊重重，直上雙溪擁霽虹。榮辱自分山色外，利名不到水聲中。清涼世界隨心現，方廣樓臺遂感通。願侍千僧共談塵，撥開塵嶂出樊籠。

綦崇禮

林麓陰森徑曲盤，漸驚危步入重巒。地分寶刹臨空翠，天設飛梁跨急湍。霜暗雲蒸山氣肅，雪翻雷輥水聲寒。我來不作多求想，試出神光遍現看。

林　仰字少瞻。

空山風雨洗秋容，萬里陰晴此夕同。袖取碧巖邀月手，石橋來謁化人宫。

洪　适

懸磴跨幽崖，奔流漱深壑。宛然卧蒼龍，天巧謝鐫鑿。萬木森前山，笙竿真籟作。長嘯斥猩猱，高巢布烏鵲。莓苔助危梁，下瞰膽欲落。横前阻翠屏，峭立旁如削。於此判塵凡，咫尺遂綿邈。飛錫凌空虚，樓臺夜林薄。寶輝覿華燈，金翰過神雀。二年佐銅虎，渠能解羈絡。來烹紫雲腴，寒甌散葩萼。奇事訂前聞，詩成謝層閣。

陳知柔

巨石横空豈偶然？萬雷奔壑有飛泉。好山雄壓三千界，幽處長栖五百仙。雲際樓臺深夜見，雨中鐘鼓隔溪傳。我來不作聲聞想，聊試茶甌一味禪。

蔣　瑎字宣卿。

石橋西去接煙霞，方廣山頭佛子家。今日我來生善念，分明盞上見茶花。

賀允中字子忱。上蔡人。

敢祈方廣現危梁，千古燈燈共此光。聊試茶花便歸去，杖頭挑得晚風涼。

劉　棐字仲忱[一]。

方廣即真華藏界，自他不隔一毫端。龐眉大士常相見，猛雨狂風漫作難。

校勘記

［一］劉棐字仲忱，原本仲字僅餘半邊，難以辨識，據《天台前集》補。

范宗尹 字覺尹，襄陽人。右僕射。

古木森森白晝昏，瀑泉飛處兩山分。石梁跨谷欣初曙，茗碗浮花信舊聞。行古向來悲一跌，潔身此去欲三薰。至人倘有矜憐意，便與提攜出世紛。

李 錞

兩溪合派一橋横，似雨聲喧瀑布傾。茶點成花金蘂嫩，香焚飛篆蕙煙輕。天寧貞聖空中望，佛國山林路上行。洗滌塵懷舊腸肚，自身省誤利兼名。

成大亨

曇華亭下卧晴虹，兩瀑交流雪噴洪。已許銀燈觀濬壑，未瞻秋月印長空。龍蟠脩榜千峰霽，金吼霜鐘半夜風。念我宿根惟德本，爲除冥陣與心通。

楊　蟠

金毫五百幾龍尊，隱隱香山聖跡存。方廣寺開無俗客，優曇花現有靈根。一峰突屼臨天碧，雙澗浮梁透石門。今日不將心洗盡，更於何處覓靈源？

孫　何

六月巖崖似九秋，興公詞賦好淹留。松杉迤邐連華頂，鐘磬依稀近沃洲。枕水石碑卿相譔，拂雲新刹帝王脩。高僧盡解飛金錫，誰是當年白道猷？

樓　鑰

兩龍争欲赴深壑，觸破山骨成脩梁。滔滔共出一門去，凜凜直落千丈強。初疑跨石鞭蒼海，絶勝乘鶴横銀潢。要須高躡前峰過，往叩山中珍寶坊。

張康國

路轉下層崕，亂石通微徑。山深萬象虚，葉脱千林静。連苔蒼石横，哀雪飛泉迸。有覩那可言，寒煙日向暝。

周之深

地險知人特地來，猿禽意思也徘徊。遥瞻聖境真如在，休問石門開未開。

章　憑

昔聞天台山，方廣寺尤勝。石梁元自好，茶花如取應。見此絶世蹤，嗟我拘三乘。更聽寒泉聲，不獨發清興。

樓　光

溪流長卷千重玉，茗碗高開五百花。方廣只留方寸地，不須辛苦上仙槎。

石　郊

行破白雲同幾重，僧床投宿幸相容。泉聲到枕夜無寐，時聽隔林方廣鍾。

太史章

澗底輕雷噴玉泉，石橋僧度是何年？靈峰斗隔人間世，真境潛分洞裏天。施食曾聞龍就掌，談玄應有虎當筵。道猷靈跡非無證，誰見湔腸掛木巔。

惠崇

千尋絶險危，步步想仙翁。日上霞紋斷，春生雪溜空。虹形離碧水，輪勢入青空。人世那由及，唯應天漢通。

趙企，

紺宇凌空接太和，縈迴委曲過山阿。靈峰散綵祥光滿，寶践浮花景象多。瀑布迸從雙澗落，禪徒争向一橋過。何當擺脱塵埃路，法去人間萬事磨。

左緯

咄哉橋畔客，何不向前行？自是君心險，無從此境平。銀河千尺到，金劍一稜傾。故我諸緣斷，唯聞流水聲。

張　擴

亂山雲冥蒙，脩徑石盤錯。聲聞往世界，窟宅遍巖壑。我行適過雨，萬籟響天樂。石梁定鬼設，陰滑不容脚。臨流輒生怖，政墮蒽萫惡。猶忻曇華供，尚及薦杯酌。分嘗不敢餘，稽首謝發藥。

魏　宗郡倅。

閒入招提景，曇華積翠雲。晴光朝更合，嵐氣晚來分。梵語微茫韻，鐘聲杳靄聞。無由問禪法，空對柏爐薰。

黄　畓字子耕。台州守。

横石圓峰豈偶然，上懸雙瀑下澄淵。我來不爲橋難過，待了區中未盡緣。

人道靈爪有護持[二]，蜿蜒果見著青枝。一時耳目窮何盡，萬古由來不可知。

校勘記

〔二〕「爪」，原作「㕅」，於義不安，當由形近致誤，據宋林表明《天台續集・别編》卷五改。

夏　竦

斷澗横幽石，蒼苔古木陰。欹危接山觜，迢遞遇雲心。峙壁旁千仞，飛流下萬尋。秦人若驅策，蓬島路非深。

見　公

金枝玉樹爛雲虹，五百僧伽化境通。變現有身分刹土，去來無跡住虚空。鹿銜花繞文殊座，龍戲珠迎海伯宫。曾見石橋行道處，白蓮香散吉祥風。

趙　抃字閲道，西安人。清獻公。

曉登山閣一爐香，瞻仰神僧再上方。人度石橋何所畏，如來原是世津梁。

葉清臣字正卿，長沙人。

覺雄示入滅，尊者俱受記。現彼聲聞身，護兹濁惡地。他方自感通，此地真靈秘。一路指橋西，誰明導師意。

一徑涼飈響萬松，青霞紫霧秘爐峰。寒生別洞前溪雨，聲到諸天午夜鐘。仙境月高猶駕鶴，陰潭雲起舊降龍。出塵境界無多地，已上金庭第七重。

王十朋

石橋未到已先知，入眼端如入夢時。僧喚我爲嚴守座，前身曾寫石橋碑。

路隔仙凡信已通，天公容我踏長虹。情知方廣神遊久，不在登臨杖履中。

賈似道

古路行終日，僧房出翠微。瀑爲煎茗水，雲作坐禪衣。尊者難相遇，遊人又獨歸。一猿橋外急，便是不忘機。

王亞夫

天巧何年露？千峰亂入雲。瀑飛雙澗合，崕斷一橋分。樹色春猶凍，猿聲夜或聞。靈蹤如可見，煮茗共爐熏。

陳長卿

扶節掇寒煙，經度羅漢嶺。扳援出藤蘿，石梯□天頂[一]。翼然忽見曇華亭，人言此是仙人境。五百應真今在否？圜光夜吐如𤆱陪。一聲金策振林杪，松月驚墮千山秋。忽然澎湃瀑聲急，石橋駕壑蒼虹濕。我生矯健金骨輕，飛步直上峰頭立。兩三客子俱膽驚，下視縮恧不敢行。絶憐老蛟織水底，鱗屋夜湧還頹傾。上有玉女泣清露，山靈麾呵常守護。紺宇杳何處？忽聞踈鐘聲。琪林珠樹輝相映，寶地交錯黄金繩。欲訪瞿曇談至道，回首瞥見慈雲遶。

校勘記

[一] 中一字漫漶莫辨。

姚　孳

萬派鑑鍧走電車，跨巖蚴蟉玉虹斜。靈禽飛下傳消息，五百甌心結茗花。

趙　湘

白日巖峰峭，横橋一徑微。多年無客到，白日有雲歸。水碧苔生髮，天寒樹著衣。如何方廣寺，千古去人稀。

趙清源

何處覓靈蹤，天台第一峰。雲深惟見寺，夜静忽聞鐘。卓錫隨飛鶴，談玄起蟄龍。石橋如有約，跨月坐從容。

訥齋

疊嶂層巒護石橋，橋西樓閣接神霄。有時龍見作雲雨，或聽梵音同海潮。翠木蒼藤分掩映，丹崖白壁聳岧嶢。我來登覽絶塵事，啼鳥一聲山路遥。

高似孫

一石上負昆侖柱，一水西奔牛女渚。玉幹獰鱗萬松古，夜夜神光干帝宇。石滑苔危水一縷，四海長依閒闢雨。月落未落逢諸矩[一]，兩足敲泉龍擺舞。

校勘記

[一]「逢諸」，原作「墨丁」，據宋林表民《天台續集·别編》卷四補。

趙汝愚字子直，忠定公。

法身遍滿三千界，影現天台水石間。我欲直從心地見，來看磊磈聽淙潺。

鄭伯英字景元，號愚翁。

白髮青衫故倦遊，何人能辨釣鰲鈎？却逢大士開青眼，現出茶花五百甌。

宋之瑞字伯嘉，號樵隱。學士。

石梁横亘不知春，閱盡幢幢幾許人。正使更無蒸餅礙，可能前路絶荆蓁。

應緣心在已心空，方廣那知只此中。金雀茗花時現滅，不妨遊戲小神通。

曇　䨟

曇華亭外萬峰青，滑石危橋孰敢登？無影無形方廣寺，如痴如兀半千僧。沿崖猛獸馴金錫，獻果玄猿掛老藤。夜静時聞鐘磬響，倚闌何處看天燈。

僧　謙牧隱。

青山直下擁雲根，山腹飛虹絶雨痕。尊者經行疑有跡，神人斧鑿本無痕。龍門杳杳通懸水，金磬泠泠隱紺園。已爲煙霞成痼癖，下方戎馬更奔騰。

僧　恭行己。

五百人兮山之中，驅白虎兮騎蒼龍。袈裟兮襤褸，頭髮兮蓬鬆。神恠萬狀兮吾不得而窮。望歸來兮庭之幃，燒香瀹茗兮鐘鼓交槌。不見來兮勞思，坐蒸餅兮淚垂。汝將舍我兮而何之？

許　嗣

空菴占斷半山雲，昔日曇猷像尚存。潭底龍棲多雨意，橋中人過少苔痕。瀑花飛處春風冷，嵐翠浮空盡日昏。方廣不知何處去，淡煙一抹叫黄猿。

杜　寧字宗謐，號樂全。榜眼。兵部侍郎。

鬼府何年鑿，蒼虬跨斷山。濤喧三峽底，僧梵半空間。勝跡探希見，塵心惬暫閒。危崖漗獨久，愴望不能還。

謝　鐸字鳴治，號方石。侍郎，太平人。

石梁聞道十分奇，又向巉巖一繫思。興盡也須重載酒，官忙誰許費吟詩？衣添短袂風初冷，天覺輕陰日未遲。竹院到時須判宿，山靈休問我何之。

僧　湛秋江，黄巖蒿巖，藏寂。

一條錫杖一腰包，不憚千山萬水遥。舉目未觀方廣寺，脱鞋先步石梁橋。巖頭瀑布懸空瀉，亭外曇華帶雨飄。自恨此生難再到，臨行又過兩三遭。

夏　智字太惠，號松隱。

古塔銜寒到，禪燈晝影微。凍雲埋野色，飛雪點朝衣。橋畔啼猿斷，亭邊宿鳥歸。恨無支遁輩，相與話玄機。

僧大範

脚著青鞋首頂包，來參尊者肯辭遥？天公幻出真如境，地脈生來古怪橋。耳畔每聞鐘鼓響，眼前嘗見水雲飄。曇猷許我重來日，不憚崎嶇走幾遭。

魯　昇

勝境依然在，人間歲月遥。誰知三十載，重上石梁橋。古路行應熟，前僧跡漸消。斯遊如可再，深處覓王喬。

羅　僑號東川。本府太守。

客路春衫過石梁，小橋流水百花香。謾尋何處神仙隱，不用當年刺史忙。石恠却疑天作巧，林深偏遇雨生涼。閒歌一曲滄浪晚，回首東風點也狂。

三台風景異尋常，謾道神仙事渺茫。百尺泉流成瀑布，兩崕石合作橋梁。天留奇跡容人看，僧煮新茶待客嘗。相隔桃源應咫尺，滿山何處問劉郎。

連朝風雨偶然晴，豈是山靈護此行？屈曲碧流千百轉，清和黄鳥兩三聲。石梁已作萬年勝，方廣空傳自古名。小酌曇華亭下酒，夕陽回首不勝情。

王　爌字存約，號南渠，黄巖人。都御史，前侍郎。

石梁高架入雲霓，橋下奔泉撼翠微。噴雪乍疑銀漢潰，横空驚見玉龍飛。匡廬莫謾論兄弟，烏鵲從來有是非。唉我平生愛奇勝，臨深傍險夜忘歸。

黄　綰字宗賢，號久菴，黄巖人。禮部尚書兼翰林學士。

天台四萬八千丈，足躡飛霞五百年。秋日天風散冥靄，銀河照眼石橋懸。

郁　浩

苔滑珉矼一徑横，俯臨深澗碧澄澄。高如銀漢填烏鵲，險比茆溪閣翠藤。不度三千溷世子，曾經五百應真僧。自慚凡骨非仙侶，幾欲超騰竟未能。

楊　脩

高駕青霄數仞横，玉缸倒影碧波澄。迢遞直接龍蛇窟，突兀斜纏薜荔藤。山徑不來題柱客，雲林常度脱塵僧。莫教行險圖僥倖，進步還須量己能。

石　藺字廉伯，號玉溪。布政。

愛爾真奇絶，神遊今幾春？飛虬横碧落，奔漢斷紅塵。古往千年恨，霞棲百慮嗔。中天纔尺五，何處問通津。

柴　鳳號後愚。紹興人。

天台華頂勢如飛，路絶層霄人跡稀。真訣百年應自悟，何須採藥竟忘歸。

危崕老樹覆靈湫，飛瀑千年雪未消。我自清風生兩足，輕輕飛度石梁橋。

嚴光治號梅池，四川人。寧波同知。

冒雨披山磴，梯雲到石橋。水聲鳴不盡，人跡去還遥。落日浮虹影，沖牛射斗摽。飛梟何處覔？惆悵憶王喬。

葉良佩

海會曇華上下亭，扳蘿絶澗往來輕。雲中疑有石橋路，林外驚聞瀑布聲。龍象隔巖苔漬在，風雷滿地日華明。尚平婚嫁吾將了，倒足懸厓羨達生。

華　涵字文源，號雙溪。

何人駕流豐佛亭，混沌元氣窺清輕。寐爽渾疑風雨惡，側聽還是波濤聲。擊竹漫空飛雪白，捲簾照面桃花明。從此無心探仙藉，尋盟雲水來棲生。

余世安

少日遊觀老復來，重來重看愈奇哉。半空跨壑山呈骨，一洞飛湍水激雷。方廣名存藏彩霧，曇華碑斷卧蒼苔。當年舊識僧何在？慨望虚堂詩謾載。

聞　式字敬之，號尋樂。

此箇幽奇天下知，老夫自恨却來稀。横天恠石疑虹見，濺齒寒泉訝雪飛。欲向山靈題古跡，偶逢佛子話禪機。一笻聊慰平生願，十日空亭未肯歸。

夏　垍字宗壽，號拙誠。

石橋天造匪人謀，百尺中横一澗周。泉漱陰崖寒漲急，花生絶境暗香浮。雲開星月光壇麗，雨過松杉拱殿幽。奚用别尋三島去，翠微深處是蓬丘。

潘　淵

亂草平胸雨乍乾，浼僧呼引得來看。四山飛翠攢眉暗，三澗流清拂面寒。仙路好從今日好，世情難即此橋難。若無秋壑遺蹤在，絶頂還看卧謝安。

陳　紱

一徑微通翠萬層，盤旋山腹度凌兢。鍾聲遠出雲邊寺，脚跡新來雪裏僧。天設飛梁卑卓錫，地占窮島久傳燈。山人許我橋東去，滿袖雲煙孰與朋。

孔天胤號文谷，浙江提學。

神嶺劃如闢，亘空綿一梁。虹衢玉京路，煙道羽人鄉。迸水藏金澗，懸蘿暗紫房。尚遲飄錫杖，臨眺佇斜陽。

董復祖號柳泉，松門衛經歷。

昔日舞霓裳，何曾訪石梁。去留原有意，來往不知鄉。仙地萬年詠，青山一鶴翔。來人常與説，方廣尚金光。

潘　夔字堯卿，號野泉。留雀長子。

石梁幽處人不到，陰木十里森蒼寒。直下青苔深壑底，仰看飛瀑長松端。重翠濕衣涼葉響，明蟾欲墜霜景殘。更尋水石窮奇處，横閣先生一釣竿。

千般萬曲微徑盡，一曲寒通太始秋。下有泓澄窅無底，上多古木陰幽稠。石梁蒼慘苔鬚合，山殿空寒日氣浮。何日還同諸老去，舊曾遊處更須遊。

謝　瑜號捐齋。御史。

軒轅醉踏玉河翻，漂落支機閣斷山。我欲過尋方廣寺，逡巡猶道伯昏難。

王　度

何事山人久不歸？山靈應咲與名違。凌空忽度王喬舄，入手新扳織女機。澗草有香吹墨碗，潭龍爲雨挽征衣。恍然悟得三生話，欲就高僧問是非。

潘　瑊

小試商霖天上歸，青山莫訝跡相違。玄龍何事常窺峽，白練驚看始出機。十里水聲嘩笑語，半空雲氣濕裳衣。心期素有初行樂，話到金猿事恐非。

曇華亭子半空棲，亭外石橫山之西。短帽乍來思浩浩，芒鞋轉視神淒淒。長藤老木日色遠，崩瀑迴崕雲氣迷。直下溟干仰孤絶，森寒猶恐蛟龍啼。

王廷幹

遊人夢想東南勝，盛夏攀臨海日邊。雙闕梁空橫白石，千巖瀑布射飛泉。謾欣衣帶浮靈雨，遥望雲霄散綺煙。即此層城清世網，何勞閬苑訪神仙。

周志偉

爲吏偶過滄海上，探奇曾卧赤城邊。風吹不斷四時雨，天迴倒垂萬古泉。躡石即訪臨海日，揮毫翻許動雲煙。入山採藥君能事，不數詩篇李謫仙。

潘　瑊

太史當年未得看，故留形勝海天邊。渴龍欲飲千尋壑，怒蜃争奔萬斛泉。陰翳暫時消雨雪，晴明終日弄雲煙。金猿躍出飛青鳥，始信人間有異仙。

盧　濬

浩劫知何限，奇觀尚宛然。波頹橋不動，林密日長妍。冷挹連床味，狂留鬪草天。莫談秋壑事，遺穢幾千年。

朱守宣號雲谷。彬州知州，温州人。

曇華亭畔石梁橋，鶴背仙人手可招。我欲誅茆住橋久，坐聽流水奏簫韶。

徐　璟

國清北上石梁橋，萬八千中此最高。未試金猿迎逸史，且尋石磴坐詩豪。曇華亭出雲霄外，蓋竹洞深鷄大寥。自是山靈欣客至，芒鞋踏破不辭勞。

應大桂

山深翠靄重，方廣有無中。瀑布千尋下，危橋一線通。日隨花雨眩，慮入鏡潭空。自愧非仙骨，何能躡異蹤。

蔡宗堯

石梁奇絶冠天台，有約初春夏日來。虹度兩崖懸地骨，瀑流千尺響春雷。煙横海會禪關盡，月照曇華洞府開。見説有無方廣寺，時聞鍾鼓隔巖隈。

張鈇

花洞靈源出，松喬信可招。風雷飛白日，鐘鼓落丹霄。氣接金潢近，光連貝闕遥。仙凡豈多隔，天際是虹橋。

夏銑

數里驚雷先咲喧，危橋駕壑噴狂泉。苔粘短屐客初到，梅落閒牕僧尚眠。方廣半空埋碧樹，曇華一閣倚青天。誰云大士虚無裏？笑看甌深結茗煙。

徐商

蒼翠冥濛卧玉虹，乾坤眼底亦奇逢。號空瀑布飛煙雨，疑是神龍上九重。

黄承德字伯明，號海曲逸史。黄巖人。

石梁横翠巘，霄漢下銀河。澗絶啼猿狖，雲深長薜蘿。山寺有無裏，鐘聲隱約過。十年期始到，愧我幾蹉跎。

游孟奇

爲愛石梁勝，冥搜劇興催。龍眠思崛起，龜伏望重來。定命兩山合，棲心一窟開。飛流翻雪處，長嘯看瀠洄。

潘　瑊

興向人談發，詩從鳥語催。千山連樹到，雙澗合流來。玉蝏人間駕，銀河天上開。古今看不倦，野老獨徘徊。

山深水曲一橋巍，瀑布空中灑翠微。兩岸野花迷客夢，百年雲水伴禪衣。鶴知世變辭煙去，龍爲潭寒帶雨歸。欲訪仙蹤何處是，瓊花瑶草路依稀。

王　玠字汝大，號損齋。

短筇扶輿到山梁，夾徑藤花五月香。石跨兩崖成險阻，崖傾一水自奔忙。雲封方廣春長掩，翠挹曇華夏亦涼。欲解青衫問杯酒，戒僧無語對清狂。

石橋（二首）　夏　鍭

橋

横空辨梁欐，結構出青天。年深老鐵健，造物依憑焉。

瀑

號空出雲蘿，隨地作煙雨。我來三出日，屏息不得語。

陪陸大參遊石梁（二首）　潘　禎

石梁横架越東頭，偶爾陪公此夜留。山色不隨人世變，雁聲先帶海門秋。閒中日月真堪弄，静裏風光可用謀。回首黄埃空萬古，浮雲天外笑還收。

重磴壓空此翠重，偶從今夜宿芙蓉。秋藏佛國三千界，人在台山第一峰。雲籟無聲天本静，清光隨處月能公。却憐塵外方酣夢，笑倚孤崖海日紅。

遊石橋尋方廣寺　夏　魯

招提隱隱翠微中，知是空山第幾重？望入瞑朦惟見日，坐餘晻曖但聞鍾。濕雲長護千峰雪，晴霧深埋兩岸松。更涉岧嶢躋絶頂，孤猿啼月竟無蹤。

陪林退齋趙龍巖守巡遊石橋　王　宣字敷言，號竹渠。御史。

縹緲二仙子，相攜步石梁。山高翠靄薄，風遠紫芝香。瀑引垂雲練，虹横跨海光。劉郎何處覓，華表鶴聲長。翠黛千峰合，煙霞四壁開。石橋懸絶澗，瀑布殷輕雷。蹤跡神仙遠，登臨我輩來。日斜風色瞑，嵐翠濕莓苔。

曲徑岧嶢到石橋，懸崖千尺接層霄。紫霞白水晴相映，翠竹蒼松寒未彫。遥聽玉簫尋鶴侶，行看丹灶覓仙苗。雲蹤杳杳忽不見，依舊春風咲碧桃。

偕陳鰲峰過石梁　譚　棨號少嵋。僉事。

水部相將訪石梁，寒霄風雨忽連床。樽前清話遇僧久，臘盡鄉心雨夜長。自嘯微官虚歲月，每因勝地愧仙郎。脩途相别暫無句，仰止雲鴻字八行。

石橋次少嵋韻　李　默號古沖。布政。

曇華雨罷見飛梁，卧對渾疑理竹床。霜練月明千澗色，雪濤風撼萬松長。禪機秖擬逢寒衲，骨相無因似阮郎。學道十年猶面壁，空慚身已丈人行。

遊石梁次宗成姪韻　夏　昺號真玄。

多年聞勝概，此日一登臨。梵宇煙霞裏，鐘聲杳靄間。橋危過客少，花落定僧閒。撫景清吟久，乘驄帶月還。

石橋觀泉　蕭一中

瀑布天上來，遥看雪噴沸。凝滿石梁下，恐作蛟龍窟。飛泉洗厓來，真源出桐柏。瑩白如素練，遥看掛翠壁。

中秋石橋翫月　潘　瑊

石梁那得月中遊，四萬八千山上頭。銀闕人間開碧落，金橋天上跨清秋。一輪孤影妙無極，萬頃精光爛不收。我少芳名廣寒府，通宵不寐更相投。

宿曇華亭　潘　瑊

兀坐曇華送落暉，了無一物與心違。水聲破却眼中夢，月色照空身外非。豈少金猿啼慧樹，不看青鳥下禪闈。天明但覺衣衾濕，疑是華峰帶雨歸。

曇華亭　韋商臣

白石橋下瀑布飛，曇華亭上人跡稀。我來兀坐一龕裏，叉手無言雲滿衣。

楊　珂

曇華亭子近如何？臘月相看景最多。絶壑亂飛千頃雪，玉虹高跨九天河。

石梁山亭成　王廷幹

亭宇新成倚碧岑，澄潭疊嶂盡高深。飛泉百道漱鳴玉，瑞草千莖叢散金。豈假管弦清俗慮，自將山水取清音。爲謀聊寄雲霞跡，覽勝慚無鸞鳳鳴。

和韻　王宗元

石橋天構越東岑，聊見窮窿俯最深。雲氣散時横瘦玉，月華浮處躍精金。寺名方廣原無跡，洞遞神鐘忽有音。更喜新亭留傑作，騷人墨客續清吟。

潘　鼎

台山往往佛仙鄉，蓬島移來在此方。天造石梁牛背滑，仙留足跡履痕長。珠簾瀑洗雨聲細，蒸餅風迎露氣香。始信鵲橋事孟浪，料應此地會牛郎。

許來亭　楊　珂

懸厓百里入天台，臘月逢僧許再來。不似當年兒戲夢，等閒即作法華臺。

滴水巖　楊　珂

滴水巖頭隱玉龍，赤城山下海雲封。天風忽散千重錦，人在青霄倚碧空。

石新婦　楊　珂

新婦誰名赤石精，玉容高映碧霞城。年年化作千峰雨，流落寒溪不盡聲。

石　梁　陳　堯號梧岡，本府太守。

迴合千山松桂林，桃花落盡谿水深。石梁採藥何由得，羨爾幽人出世心。

仙子雲山空隱淪，紫霞黃霧憶風神。龍湫六月常霏雪，龜石千年不度人。橋背石如龜，故云。

方　暲

天台仙佛界，狂客韋陵才。振舄瑶階近，迎卮赤華開。護蛇瓜僅熟，瀹乳茗初焙。朋駕追遊盡，重驚五馬來。

趙　恩字子仁，號小山。

心悸臨無地，靈藏別有天。懸厓横峭石，絶澗激飛泉。未覩真空界，難消茗乳緣。隔林是方廣，一杖破蒼煙。

發石梁　陳九川號明水。

曉起初陽照石床，虹橋飛瀑送韶音。雲深仍失歸時路，不似劉郎業障深。

至石橋　林文相

石梁飛度華峰邊，有約登臨已十年。瀑到中天翻雪浪，風迴絶壁起晴煙。曇華晝静青猿嘯，海會秋深白鹿眠。感慨題橋虚歲月，何如此地學逃禪。

雪中觀石橋　明　統

皜皜生虚閣，嚴寒獨自看。瓊臺人境別，銀海石梁懸。作巧天無意，窮奇心更玄。若教論四際，此是未分前。

趨石橋初登山嶺　趙　屼

天梯欲上使人愁，身御長風不自由。下視白雲生澗底，仰看紅日上山頭。共傳此處迷劉阮，自恐今朝犯斗牛。歸路欲從霄漢墮，却來塵世得羈囚。

石橋留題　鮮于樞字伯機。

旁通日月上星辰，有路遥應接玉京。仙奕未終人物換，秦鞭不到海波平。當時渾混知誰鑿？他日崆峒強自名。枯樹重榮事尤異，欲從樵者問長生。

石橋篇　楊維楨

飛精石爲室，萬歲藏不得。忽然混沌破，石鯨横百尺。山頭方廣開，金策凌空來。白猷雙眼穴，長跪不能越。疾兒唾落飢，蛟涎新鬼舊鬼悲。神天蹋石梁拜石餅，霄在心省過去過來彈指頃。烏乎石梁折石餅崩，人間方見方廣影。

石梁行 鄭善夫

陰厓谺谺氣溟濛，山木慘切悲回風。石梁駕天蟠彩虹，飛流下擣龍光宫。上仙之都弱水東，彼岸可度天之功。十年尋仙志未已，台岳欣逢羨門子。願君啟我元命秘，荷鑱拾茅吾不恥。桃源洞天春色多，爾時劉阮今如何？

石橋銘 夏竦

山壤獻靈，融結推功。窮窿石梁，飛雲駕空。懸流下激，絶岸旁通。煙霞溟濛，矯矯驤龍。旭日瞳朧，蜿蜒騰虹。願接天孫，以助登封。

度凡橋 潘瑊

仙凡原自隔紅塵，誰駕慈航可度人？方廣已通玄覺信，曇華能脱俗緣嗔。龍歸萬里雲煙曉，猿嘯一聲天地春。此去相無蒸餅礙，半千大士往來頻。

羅漢閣煎茶應供 葛閎

山泉飛出白雲寒，來戲靈芽秉燭看。俄頃有花過五百，三甌如汲玉腴乾。

劉珵

寶爐香散曉煙寒，浄几供茶繞座看。已愛六花金縷異，更驚三啜翠痕乾。

舒亶

薦盡春園曉焙寒，靈蹤留待使君看。寒泉冷結花紋細，玉碗香收雪點乾。

金松 李德裕[二]

台嶺生奇絶，佳名世未知。纖纖疑菊葉，落落是松枝。照日含金晰，籠煙淡翠滋。勿言人去晚，猶有歲寒期。

校勘記

〔二〕此詩前原有李德裕原注「出天台山，葉帯金色」，而爲編輯者删去。

題羅漢嶺巨杉　鄭伯熊

蒼虬白甲老煙雲，萬木叢中獨挺身。一柱擎天須此物，執柯他日屬何人？

萬年山羅漢樹　林　憲字景思，號雪巢。

羅漢嶺頭羅漢樹，開闢餘工所鍾聚。百圍直上摩紫霄，鐵剥犀空自無蠹。積年魔恠不敢棲，暫過鸞鳳却回顧。初晴偃幹礙雲霓，欲雨蟠根起煙霧。聲回浪吼東海鯨，影落雲侵石橋路。氣凌太古化兒驚，勢壓群材梓人懼。陰開陽閉資指南，地弱天承賴撑柱。凡斤俗斧遠遯逃，黛色蒼皮未須疏。巖靈樹異如相語。傑葉豪枝柯覆雲，冰霜閲盡無古今，合抱雲仍仰雄據。豈同澗梓與壑柟，未歷千年隨草腐。我來駭謝天下奇，斗酒澆之共軒翥。行人莫擬明堂柱，險徑無來萬斗處。盛時要用真梁棟，宜使巇危可平翥。指呼刊鑿待六丁，匠氏仍煩脩月户。輔隆廣廈蔽蒼生，何止層華萬年趣。懸厓黯慘陰風吐，振谷徘徊忽號怒。纖稍嘯舞山雨來，石奔雷轟鬼神怖。未容造次搜奇句，五百尊者所呵護。

琪　樹　李　紳

石橋峰畔棲玄鶴，碧澗巖邊蔭羽人。冰葉萬條垂碧實，玉珠千日保青春。月中泣露應同邑，澗底侵雲尚有塵。徒使伏根成琥珀，不知松老化龍鱗。

蔡隱丘

山上天將近，人間路漸遥。誰當雲裏見，知欲渡仙橋。

慈聖寺 潘瑊

慈雲覆地蹟前朝，天聖當年寺額標。流水平橋春雨漲，斜陽擁樹晚煙消。養成白鹿山長翠，啼老青猿木不凋。六十再來僧話舊，都云稍覺鬢蕭蕭。

重遊大同寺 潘瑊

三台極北大明收，午饟天封步步幽。寺古煙霞僧共老，山深鹿豕我同遊。笋緣夏後麟芽布，茶待春回雀舌抽。再整舊盟衣鉢慶，笑談十日太淹留。

静居庵 潘憲字子章，號華峰。

出郊十里覺愁醒，路入禪關興愈清。赤鼠窺人過别樹，白□隨意啄空坪[二]。晚山凝黛連天碧，秋水涵輝帶月明。那得謝安眠絶頂，閒看海宇荷昇平。

校勘記

[一]「白」後一字漫漶不明。

貧婆鍾

張世民字時畏，號水窗。黄巖人。

廣嚴鍾是一錢就，百萬貫文奚足多。善念由來無小大，只聽路口説貧婆。

卷三

萬年寺

陳知柔字體仁。

古寺來投宿，雲巖第幾層？有詩堪供佛，無事日依僧。小閣泉喧枕，脩廊雨暗燈。好峯看未足，夢繞碧崚嶒。

趙師秀字紫芝，號天樂。

萬年山水已千年，石路陰森到繚垣。幾片閒雲誰是主？一條流水不知源。土栽芍藥猶勝木，僧説彌猴極畏猿。夜半空堂諸境寂，微聞鍾梵文成喧。

李東山方外。

踏破蒼蒼一徑苔，亂松深處訪梵臺。幽花當路迎人焕，慣鳥入林報客來。眼底有山吞日月，壺中無地著塵埃。高僧真隱萬年寺，一篆香銷心鏡間。

夏　鍭

風雨重山暮，煙雲近寺秋。壯遊今日始，長咲八峰頭。地迥雲芽長，庭空木氣浮。真成無土浄，猿鶴不曾遊。

周廷用號八厓，華亭人。浙江僉事。

群山接峭上天台，百轉蒼厓古寺來。蘭若倚空青玉起，香爐凝日紫煙開。登臨已極雲霄眼，去住難消澗壑哀。莫道蹇帷非睹客，壯遊今已出塵埃。

吴越精靈妙此山，萬年禪宇獨臨關。松杉色古風雷護，鸞鶴音高歲月閒。塔劫尚存梁日構，金書猶記宋時頒。道林他日重經處，物色還留豁壯顔。

蔡　潮

霞城百里接天台，髫歲知名老始來。豸史才高冰柱賦，鶴林僧舊竹房開。山門消息誰參透，塵世榮枯底用哀。静坐虚齋心似水，却嫌梁燕下輕埃。

天姥峰頭更上山，雲邊躡屐自松關。林泉著我方成趣，簪笏羈身苦未閒。劉阮謾遺仙藥妙，馮唐那駐鬢毛頒。山人曾作京華客，一咲溪頭識舊顔。

范　吉

奇峰落落副三台，都入詩人句裏來。玉笥排空飛鳥礙，錦屏列嶂曉霞開。每逢雲谷即留憩，長咲牛山謾自哀。安卧林間誰所賜，深慚報答泣涓埃。

渺渺桃源鷲此山，白雲長自護禪關。人言勝境堪清賞，我比僧家更覺閒。斷巘恍疑天匠鑿，金書不是我朝頒。何須方外求丹訣，自有元陽駐壽顔。

張　敦丹陽人。

峭壁崇巒接上台，石梁遊遍萬山來。無窮物色三秋見，有趣屏幃四面開。鶴夢醒時嵐氣重，旅魂驚處雁聲哀。行行西澗尋幽勝，兩岸莓苔絶點埃。

天外浮雲雲外山，翠微深處鳥間關。風翻貝葉禪心定，月照曇華客思開。錦軸牙籤今日賜，玉函金典舊時頒。醉餘行樂斜陽裏，静聽松泉一解顔。

俞　燦號三峯。本府同知。

東南勝槩説天台，躡險攀危特地來。百里好山屏障列，滿前佳景畫圖開。石間澎湃泉聲急，樹杪呷吾猿嘯哀。自是神仙真窟宅，不知何處有塵埃。

何守愚號鶴江。京口人。

生平寤寐想天台，千里尋真到此來。脩竹虚堂臨水構，妙蓮傑閣倚雲開。峰頭石髓涓涓滴，木杪猿聲細細哀。勝境分明是蓬島，箇中誰道有纖埃。

蕭一中

陟巘上天台，因過僧寺來。爐煙當晝裊，蘭若傍雲開。未覩豺狼鬬，秖聞猿鶴哀。壯遊從此始，萬里浄塵埃。

潘　鼎

石磴縈紆出小川，巓岑疊嶂倚青天。鍾鳴傑閣響雷谷，練落長崕引玉泉。僧卧不知紅日上，人間長在白雲間。料應此地非塵世，一咲來參方外禪。

程　資號櫟峰。本府推官。徽州人。

玆山有佳譽，遊子多情牽。時節況清淑，登臨由有緣。慷慨趨北嶠，愉悦坐中軒。丹霞宿簷端，玉液流寒泉。巖花開碧篠，恍疑洞口仙。薄暮暝色改，萬壑生紫煙。俯視周八極，浩歌驚大千。歌竟更延眄，鸞鶴翔中天。

劉望之號一巖。浙江參議。

風雨登山興未闌，雲林深處水潺潺。門敲雪夜無僧應，睡熟蒲團攀歲寒。

姚　儒號春宇。武進人。本府通判。

萬年高閣迥名邦，紫翠叢中獨擅揚。山簇八峰雲氣合，泉分兩澗瑞流長。歸雲帶雨千巖暝，佳木干霄六月涼。安得四時攜酒過，與君隨處坐斜陽。

施一德

歷盡崇岡別有天，松杉枝翠自年年。幾家燈火成村落，一脉源泉下石田。老衲不知留墨客，錦囊何謂當詩篇。山人爲報前山路，再整肩輿上大巔。

潘淵

步入深山路轉賒，層巒低處盡煙霞。手依北斗扳明月，目送東溟過遠槎。榻下有緣参白足，袖中無意放青蛇。山童知我詩腸澁，破竹牽泉煮細茶。

夏銑

行不肩輿策杖藜，嶺雲度處見禪棲。不知前古何人到？今喜青天近午開。坐石論詩無好句，入門索关有寒梅。客非陶令醺常事，樂與諸山對一盃。

陳壽嵩字允高，號玉泉。

幾回欲看盡名山，此地尋真興頗闌。黄鳥聲幽松徑寂，白雲影度竹房間。倚天蒼翠奇難寫，入眼清秋景已頒。坐憩風光勝蓬島，塵襟應爲一開顔。

明　統

萬年山好冠吾台，少却寒明帶鶴來。華頂幾峰當面立，滄溟一鏡下方開。石碑剥落猶堪認，蓮閣荒唐重可哀。歷歷松杉當六月，不知世上有炎埃。

范　檠字同受，號鶴山。

萬年山寺屬三台，天上神仙接踵來。佳興欲尋劉阮會，好懷却向拾寒開。八峰近午松雲浄，雙澗殘秋猿鶴哀。我亦有緣留一宿，老僧談咲斷塵埃。

應大柱

萬年古刹萬山中，壑澗潺潺一徑通。翠竹蒼松凝宿霧，懸厓峭壁拂晴虹。攜遊數子知予癖，出定諸僧喜客逢。薄暮東樓獨長望，飄然身世在虛空。

董復祖號柳泉。松門衛經歷。

鰲海西邊寺，萬年名載台。瀑噴山練曳，雲霽野帷開。浮翠藤蘿殿，摇光寶月臺。知君心事正，不爲祛如來。

方　暲

兹地開惟晉，名山冠自台。池涵三界浄，塔擁萬峰開。御履藏珠室，金蓮湧梵臺。無勞望仙駕，紫氣更何來？

潘　瑊

扙藜閒步八峰頭，參漢松杉夜雨收。繞砌泉聲驚客夢，捲簾山色爲僧留。鶴巢塔頂千年境，猿嘯空中百里秋。還憶妙蓮高閣在，一花六葉舊曾遊。

宿萬年寺　王　爌

萬年寺裏暫棲遲，歷盡千山道路危。碑篆模糊蝌蚪蹟，崖松偃蹇虎龍姿。談玄喜接霜臺客，掃榻仍煩雪竇師。客路明朝又南北，雁湖何日更爲期？

洪　洙

國清遠入萬年寺，古殿松杉不記年。法雨有時飛色相，曇華無語結生緣。看山探水尋渠瘦，得句題詩大放巔。老衲請書山第一，論文興感重拳拳。

蔡　潮

舊遊時日未能忘，似有良緣到上方。花梵鼓聲經雨暗，竹爐茶氣煮雲香。高僧愛客先投轄，老我耽遊欲借床。閒引轆轤仙井近，冰廚石壁漾天光。

安　國號桂坡，無錫人。

崎嶇百里山巔路，借榻叢林寺萬年。日落西巖映空碧，僧遊遠道有清緣。詩成百味誇靈運，法演三乘遇大巔。還問石梁窮勝槩，平生消得意拳拳。

嚴光治

過雨松杉新染黛，早春山谷亂鳴鶯。飛騰那得王喬履，縹緲如聞子晉笙。山到石梁神作巧，雲瞻天姥夢還清。暫開徐榻聯禪榻，静夜猿聲與鶴聲。

卧病萬年寺

錢德洪號緒山。刑部主事。

病夫高卧得天台，落木雲深是再來。三十峰頭借禪榻，月明飛錫下瓊臺。

一入天台便是仙，可憐塵世苦殘緣。三更月出夢初覺，真與人間隔歲年。

雨中宿萬年寺用韻

洪　适

夢回深夜耿秋燈，泉竇争流一味清。雁過不聞天外影，寒松長送枕邊聲。饕風可但久無賴，急雨那能便寢行？已問瓊臺雙闕路，此心何必羡層城？

昔年同應南洲故友鄭少谷故弟空明卧萬年山中憶而有感　黄　綰

憶在上方雲裏寺，翠微誰共我追遊？日高窗啟白鷴入，風起山寒青兕愁。篋帶古書閒更讀，僧攜新釀静相酬。不堪往事俱陳跡，回首存亡念已悠。

寓萬年謾興　薛　侃號中離。行人。

人間何處是天台？晝日穿雲覓不來。一卧山房塵夢醒，遠空孤鶴下瓊臺。

我亦當年行脚仙，石梁華頂了心緣。桃花開落空流水，翠壁蒼厓自歲年。

宿萬年寺　林文相

萬年古寺八峰間，梧竹參差石徑閒。白日尋幽有狂客，青鞋薄暮扣禪關。歸巢野鶴棲方定，敲月山僧去未還。欲借小樓吟夜雨，磬聲寥落水潺湲。

宿萬年山房聯句　沈謐等

天姥頻年夢，霞城此日遊。石山沈謐司訓　浮蹤投野寺，遠思結雲丘。龍溪王畿司馬　石溜含風晚，巖花帶雨秋。秘圖楊珂　談玄楊子在，龍溪　兼得宿清幽。石山

宿萬年寺　陳堯

竹樹滿祇園，山深煙霧繁。誰知居士室，能駐使君軒？石竇紅泉落，天風白鳥翻。無人伴幽寂，獨坐已忘言。

憩萬年　王廷幹

浚谷引芳輿，禪宮展眺紓。峰巒横秀翠，水竹湛清虚。葉密隱屏阜，涼風入野居。樓臺在漢後，人物是秦餘。

萬年留別　蔡潮

塵土煩囂意不勝，仙都一覽似飛昇。欲投蓮社蒙相許，要脱樊籠愧未能。泉石閲人誰是主？僕

夫催駕却輸僧。出門料得無多景，臨别煙崖更一登。

萬年阻雨登樓望石梁　蔡　潮

石梁一别十餘年，口念心思夢侵懸。天下奇觀稀入眼，塵中無地一齊肩。登臨小閣淹春雨，批點飛虹隔暮煙。山癖自知難擺脱，僕夫底事亦欣然。

由石橋尋萬年寺　葉良佩

石橋西去逢僧梵，華頂浮來玉井蓮。雙澗風泉迴鸛鶴，八峰晴色動雲煙。避喧且欲依蘭若，度海誰能駕鐵船？歷歷松杉如昔夢，始知遊覽是前緣。

日暮抵萬年　王　宣

台山高不極，薄暮窮躋扳。水向雲間落，人從天際還。捫蘿轉絶壑，坐石俯深灣。檜竹僧房寂，逢僧意自閒。

發曉萬年　楊　珂

古殿雲開入萬山，八峰高擁赤城寒。醉餘一嘯天台頂，注目扶桑東海寬。

萬年即事　李　默號古沖。布政使。

八峰迴合擁雙流，地似曹溪闢後留。寶蓋御袍曾龍寵，石幢林落經幾秋？僧依野竹水通徑，客到暮鍾風滿樓。欲問前朝論物色，亭亭杉檜碧如油。

題萬年妙蓮閣　李　默

應真飛錫驫靈蹤，智者遺杉尚灌叢。寶構迴臨清鑑上，妙蓮高擢污泥中。甚稱秘藏資談席，最上乘真振祖風。嗟我拘攣猶未歷，坐馳神爽愧輿公。

王欽臣

石橋飛錫斷遺蹤，揮麈談禪想舊叢。萬萼蓮新青嶂外，十圍松老白雲中。他年晏坐開華構，當日咨承擬順風。歲晚丹丘如可約，杖藜相引欲煩公。

呂穆仲

千尺杉前釋帝宫，種蓮不用百花叢。石橋路近横天外，池水花寒坐鑑中。紅日几窗新活計，白雲香火舊家風。虎溪社客今憔悴，此意憑誰答謝公？

宋景平

上方危閣化無蹤，平顧摩空萬桂叢。自有蓮花發泥下，何須芝草遍山中？石橋暮隔霏霏雨，翠壁寒供凜凜風。彈指憑誰開户牖？向來禪觀仰群公。

蔣之奇

佛隴遺芳鮮儷蹤，主張三觀揭禪叢。明圓珠繫衣襦裹，浄妙蓮生濕淤中。真現石橋新法界，重興銀地舊家風。未應賦述誇孫綽，序偈稱揚復有公。

楊　筞員外郎。

天台有新閣，勝地近塔廟。影浸碧琉璃，沿洄出山嶠。蓮生淤泥中，白石有明竅。花實相表裏，光色互炳燿。處空不染暑，烈火豈其燎？寶藏諸如來，端坐演法要。青目付上士，不待舉花咲。芬香初洞達，宿病已能療。浄土記珍色，機咸願力召。三時有開發，一本常寂照。不讀智者書，豈知此蓮妙？

羅　適提刑。

華頂西邊天姥東，妙蓮開閣對群峰。清含銀漢三千界，香透金庭第八重。畫棟有聲啼海燕，澄波無影睡蛟龍。夜深講罷何人見？雲在青天月在松。

張舜民

休論雪竇與雲峰，直到天台劍戟叢。萬水千山來閣上，一花六葉見池中。誰將色界填空界？不雜香風席祖風。有底妙蓮談不盡，却成賦筆與興公。

高似孫

依松屈曲疑無路，十里廿里香深沍。殿臺平入蓬萊圖，人煙盡屬天台賦。山奔萬馬副人立，泉吼晴雲半空注。亂峰發地翠參錯，沓嶂參差龍窟怒。陰磴曾遺前臘雪，陽崖競拔千年樹。亦谷羽客異丹來，更有神僧飛錫渡。佛界香火玉女跪，海舟獻寶胡兒踞。未午催敲集梵鍾，隨雲共展升堂具。冥搜窮日不知極，妙盡所歷何容遽？平生界持山水眼，是處且了林泉素。揮支公錢極易事，分得龐公榻良遇。青山不是世間無，山若識人人也住。

玉霄峰　皮日休

青冥向上玉霄峰，元始先生戴紫蓉。曉案瓊文光洞壑，夜壇香氣惹杉松。閒通仙客來爲鶴，静唤靈符去是龍。仔細捫心無偃骨，欲從師去肯相容？

陸龜蒙

天台四萬八千丈，師在雲間啟竹扉。永夜秖知星斗近，深秋猶見菊松微。玉壇曾降青旄節，雪壑長披白羽衣。聞説靈壇富芝草，何須重問首陽薇。

胡　融

青冥玉霄頂，静夜無纖埃。手攜赤松子，拂石坐蒼苔。舉瓢呼海日，長虹貫金罍。掛劍桂樹枝，洗手天河洄。我欲鏟崖嶂，涉海登蓬萊。要觀中洲碑，鼓擽雲濤堆。風波雖可越，長鯨玉崔嵬。

曾　璣

老荷君恩付赤城，瘦筇扶上玉霄亭。懸知地接溟溟海，坐看天横兩兩星。作賦興公虚想像，謫官司户實飄零。衰翁何幸分符竹，一覽東吴未了青。

九月登玉霄峰　曹文晦

九月登高正自佳，松梯微露濕青鞋。重巖細菊班班出，一路題詩寄客懷。赤城下瞰碧雲遮，喬木深秋氣自嘉。老瓦盆空無過客，一軒風雨自黄花。

玉霄閣[一]　陸務觀

竹輿衝雨到天台，緑樹陰中小閣開。榜作玉霄君會否？要知小吏案行來[二]。

校勘記

[一] 陸游《劍南詩稿》卷八題作《天台院有小閣下臨官道予爲名曰玉霄》，《勝蹟録》省。

[二] 詩末原有作者自注：「予所領崇道觀蓋在天台山中玉霄峰下。」

玉霄山居　陳寡言道士，暨陽人。

醉卧茆簷不閑關，覺來開眼見青山。松花落處宿猿在，麋鹿群群林際還。

桐栢觀[一]　李白

天台鄰四明，華頂不可越[二]。門標赤城霞，樓棲蒼島月。憑危一登覽，直下見溟渤。雲垂大鵬翻，波動巨鰲没。風濤常洶湧，神恠何嗡忽。怡情觀斯境，好道心不歇。攀條摘珠實，服藥煉真骨。安得生羽毛，千秋卧蓬闕。

校勘記

[一] 宋林師蒧《天台前集》作《題桐柏觀》，并注曰：「集中作《天台曉望》。」今校以李白集子諸如《李太白文集》《李太白集注》《李太白分類補注》及《全唐詩》，均題作《天台曉望》，《勝蹟録》蓋自《天台前集》承襲而來，又省一「題」字。

[二] 「不可越」，《李太白文集》《李太白集注》《李太白分類補注》及《全唐詩》均作「高百越」，於義爲優，可從。

皎然

古觀秋來秀，泠然屬仙飈。瓊花被脩蔓，栢實滿寒條。影殿山寂寂，寥天月昭昭。幽期寄仙侶，習定至中霄。清佩閒步虚，真官方宿朝。

任　蕃江東人。

飄飄雲外客，蹔宿聚仙堂。半夜人無語，中霄月送涼。鶴歸高樹静，螢過小池光。不得多時住，門開是自忙。

皮日休

青冥向上紫霄峰，元始崔嵬聳玉蓉。曉案瓊文光絶壁，夜壇香氣襲靈松。雲根恠石儀青鳳，潭底寒泓卧黑龍。步入瓊臺亡世路，分明半席許相從。

蘇浩然

上盡峥嶸萬仞嶺，四山圍繞洞中天。秋風吹月瓊臺曉，試問人間過幾年？

白玉蟾

澹月籠蒼松，清流蘸脩竹。水深蟾不没，長伴道人宿。

仙翁夜來扣林扃，約我明朝過南嶽。石壇對坐話松風，鶴唳一聲山月落。

身落天台古洞天，蒲團未暖又飄然。如何菴不瓊瑶地，想是吾非桐柏仙。無復得飡三井水，未曾深結九峰緣。杖頭挑月下山去，空使寒猿嘯晚煙。

葛　閎字子微。

昔年書洞石，臺有伯陽經。碧海船多刼，金霞夜不扃。爐成九轉藥，階布六符星。捷徑非君意，深遊不死庭。

姚舜諧判郡。

萬尋華頂地寬平，誰鑿胚胎聚結成。洞口花深仙路近，巖前塵少客衣輕。月捂擁翠雲根蔽，臺閣凌虚斗柄横。予恐有名藏玉室，遠尋金鼎扣長生。

鄭　薫[一]台州刺史。

深山桐柏觀，殘雪路猶分。數里踏紅葉，全家穿白雲。月寒巖嶂曉，風遠蕙蘭芬。明日出雲去，吹笙不可聞。

校勘記

［二］鄭氏此詩原題作《冬暮挈家宿桐柏觀》，見林師蔵《天台前集》卷中。

趙師秀

山深地忽平，縹緲見珠庭。瀑近春風濕，松多曉日清。石壇遺鶴羽，粉壁剥龍形。道士王靈寶，輕強滿百齡。

李　昉員外，知郡事。

子晉棲霞境，高高出世埃。直疑天上去，歸認下雲來。銀漢星辰近，金庭洞府開。遲明欲回首，更上降真臺。

張無夢字靈隱，號鴻濛子，鳳陽人。

桐柏觀周匝，千峰累翠螺。地高陰氣少，天近月光多。三井雲霄起，一壇鸞鳳過。誰言子微後，無客繼仙科。

元居中邵武人。縣令。

路在青雲上，人居紫府中。山城矗銀漢，洞户鎖瑶空。聖帝神蹤麗，仙家寶篆紅。瓊臺松桂合，終日韻天封。

宋苟龍台州軍事推官。

集仙桐柏觀，路入彩雲間。四面青山合，三天白晝閒。吹笙臺草没，煉藥竈苔班。欲學真人住，高蹤詎可攀？

姚　祐

地直台纏峻，宫憑巽嶽高。九峰聯帳幙，三井漏波濤。絳闕朝宗近，瓊臺氣勢豪。吹笙人已去，後輩有仙曹。

姚　鵠

際海禮冰碧，穿雲來玉清。千山盤鳥道，十里入猿聲。草木飄香異，雲霞引步輕。誰言鰲頭上，此處是通瀛。

張師中

蒼山誰鑿破？開舘此源棲。鶩席林鵶噪，尋雛野鳥啼。藤蘿牽别樹，風雨隔前溪。中有黄冠客，能將物我齊。

章得象郡守。

萬仞攀蘿上翠岑，豁然平地九峰心。參差珠樹和雲出，咫尺丹霞有路尋。洞口碧畦長種玉，壇邊古篆欲生金。桑田未變桃先熟，誰見蓬萊水淺深？

元積中

九峰巍絶亂雲屯，石室瓊臺舊址存。山險密盤之字徑，洞深高闢丙方門。碧桃花爛春溪暖，紫玉簫沈月樹昏。未覺臺中光景晚，人間歸去見來孫。

高　憑

樓閣凌雲隔遠岑，道家松竹盡虚心。水邊花去秦人老，嶺上春歸漢守尋。雙闕煙霞曾扣玉，九天名字已填金。不須更問蓬萊事，秉國公忠敵海深。

羅　適

欲訪琳宫入翠微，滿山煙雨正梅時。神仙事秘人難問，造化工深世莫知。海近應通三島信，年深空見八分碑。身中龍虎吞天地，誰肯留心繼煉師。

金庭福地竟如何？當日山前異事多。子晉高風傳世表，仙翁遺跡在巖阿。三清路遠須由學，九轉功成豈怕魔？我有玉符真訣在，黄衣誰肯遠相過？

元佟復縣令。

翠阜疊峰勢不凡，山田百畝坐平原。陰森松壑疑無路，卜數人家聚有村。桐柏春深宫草緑，瑶臺仙去野禽喧。桃花不逐楢溪出，萬古無人到洞門。

張天雨字伯雨。

百折丹梯杪萬松，鳳笙臺殿赤城東。親從海上求司馬，寧復中山起卧龍？瓊闕排空窺坐席，銀橋乘月認仙蹤。真人及此東行日，共説盧敖向九峰。

貢師泰

翠蛟青鳳下空同，家住天台第幾峰？歲久松肪成琥珀，夜深丹氣出芙蓉。仙童奏蕳騎文虎，太乙懸旌畫赤龍。昨日從師到天上，故山還着白雲封。

王文簡

桐柏仙人久不歸，一瓢秋水宿巖扉。絶憐夜半無塵夢，月滿空山鶴正飛。

余　闕字廷璪，號青陽山人。文貞公。

靈越此稱秀，隱嶙表東區。拔地凌丹霄，鬱爲青芙蕖。緣壁陟霞上，九嶺乃周廬。瓊階掩奥室，赤城標外樞。樓如空中現，人若華上居。不知三岳表，當復有此無？留連卧日反，非爲失歸途。

趙儀鳳郡守。

桐柏千年境，穿雲試一登。冷煙生絶壑，古木掛寒藤。丹訣無人授，瓊闌過客憑。紫芝歌一曲，煮石夜敲冰。

童　仝

桐柏山高插半天，峰巒生處隱神仙。御香南下三千里，淮水東流幾萬年。玄鶴夜深和月舞，蒼龍春暖抱珠眠。只今天子如堯舜，辟穀先生學種田。

揭　軌字孟同。

玉臺窈窕上丹梯，珠館玲瓏入翠微。野客籠鶖雲裏去，仙人騎鶴月中歸。春來瑶草如煙碧，雪後黄精是玉肥。此去天台應有路，桃花亂點紫霞衣。

任中立御史。

岐路崎嶇遠郡城，仙家金鼎有長生。醮壇每命黄華使，洞府潛通白玉京。古木静聞天籟響，曲廊時聽步虛聲。此中高踏無機者，應咲茫茫逐利名。

左　吉

天高氣爽不勝秋，躡磴穿雲作勝遊。雲起層巒連谷口，澗流活水自源頭。經臺寶笈還來授，緱嶺瑶笙今在否？最好會仙亭上路，頳桐翠柏更深幽[一]。

校勘記

[一] 胡按：「深幽」，原作「幽深」。此係手民之誤倒，非作者之罪也。否則不押韻矣。今正。

毛　漸信安人。

陟上天台第一重，金庭深處閟琳宫。九峰岌岌連雲聳，三井沈沈與海通。星斷鳳飛懷帝子，壇空鶴去想仙翁。功名早晚多成遂，淘煉丹砂向此中。

夏　竦

鳥道寒藤結，洞門蒼蘚深。樓臺在山半，松檜出雲心。土腴春常久，峰高月易沈。羽衣祠太乙，香冷石壇陰。

洪　适

屹然雙闕峙瓊臺，仰見彤雲郁郁開。三井窮源知海眼，六符垂象應天台。松杉滿道欣初過，芝术何年得自培？更聽鳴泉雜風籟，直疑笙鶴紫霄來。

楊　愈

深入黄庭景，徒思五滴泉。青牛眠藥塢，白鹿卧芝田。浮世人空老，長生事宛然。三尸飛不去，皆是自留連。

萬　奴

一徑入深松，翠微宫殿重。丹來懸黍米，陸地出芙蓉。銀漢通三井，瓊臺歷九峰。遍遊應未得，願借葛陂龍。

余　爽

乘風御雲氣，來訪真人家。玉闕麗朝景，瓊臺散晴霞。高臨太元天，下眄赤水涯。陰魄位霜采，陽精發丹華。桐君奉玄書，姹女弄絳紗。祥虹渾五色，神芝秀三葩。煌煌王母居，飄飄紫皇車。飈輪動無跡，風馬去亦賒。矯首挹浮丘，躡屐追皇媧。珠宮俯台斗，石梁礙流槎。操持却日鞭，跨踏食月蛙。龍旗拂煙鶩，鶴袂策雲斜。清都隱虛無，金庭鬱嵯峩。横霄雜美氣，空界流浩波。囊籥勞吹噓，吐納煩羲和。倏爾度灰劫，超然絶塵羅。靈簫步何徐，玉斧髮已皤。飛駕逐鳳吹，班鱗奏鸞歌。寧留飲清精，幸我栽胡麻。交梨瑩肝膽，火棗醒齒牙。咽嗽華池津，咀嚼碧柰花。有待越三井，思慮無由邪。

太史章本縣令。

神仙隱居尚深渺，徑迂不欲與世通。必求峭拔出林杪，俯視左右環群峰。飛泉不測源所自，瀑注一落千丈虹。前躋石磴旋聲去盤拆[一]，翠陰蒙密多長松。唐聞司馬煉師，晉傳葛仙翁。丹灰已死不復熾，獨有翰墨留遺蹤。定知華表立歸鶴，誰見靈湫藏蟄龍。白雲子，信亦稀。藐聲利，如塵泥。仕途捷徑非我樂，不死之鄉終欲歸。玉霄峰前煙樸樸，金庭宮外雲霏霏。哀猿叫斷月不古，桃杏得春還滿枝。風馭寥寥何處在，孤墳棺殮只空衣。

校勘記

[一] 此句中原注「聲去」是指「旋」字當讀作去聲。

李仲偃

妙道心期赤水求，隙駒光景任川流。朝真浄界瓊臺月，滌想鮮飈玉宇秋。芝茹薦盤香露散，茶腴烹鼎緑雲浮。勞生可念榮華束，食恐邯鄲枕上遊。

長吉僧。

大帝天壇渤海連，金霞蒼壁隔塵緣。蓬丘不斷青禽位，仙仗時來白鹿軿。星籥豈惟壺内景，桃花長媚洞中天。優游咲把洪涯袂，瞬息人間又幾年？

別羅沙達魯花赤。

騎馬出城邑，捫蘿陟雲關。絶頂眺落景，峻嶺多險艱。天風起木末，雜珮聲珊珊。羽人忽何來？一見清心顔。山高風露冷，迥若超塵寰。飛流掛長虹，疑落銀漢間。瓊臺倚雙闕，琪樹手可攀。冥搜興未盡，夕照忽在山。長嘯下山去，明月逐我還。

楊維楨

瓊臺高與上台直，珠閣突在天中居。致身福地恍如幻，二十年前見畫圖。
溪雲時度五色彩，野草忽開三脊香。臺下白雲可輕骨，不用采采覓金漿。
桐葉自换山中歲，桃花不放人間春。我來摘花題落葉，便風寄與雲中君。
水邊殘杯咲玉齒，石間棋子迷老樵。紫簫吹得鳳凰語，風期的可呼王喬。
雲中君兮聿來下，雲中徒兮列如麻。帶得紫泥香一瓣，天風吹滿赤城霞。
丹移舊井劍移窟，鶴歸又是三千秋。便當相從授寶訣，與子定約緱山頭。

吴　昊字彦欽。

廿年不到卧龍峰，今日何期有路通。地擁蓬萊滄海上，天開觀闕白雲中。聽簫獨立風生樹，待鶴長吟月滿空。亦欲遠尋勾漏令，大須玉札起疲癃。

平生看山愛桐栢，有山如此爲名山。九峰雙闕迢遞起，秀氣可掬煙霞間。樓觀崔嵬迥相向，桃花洞門深不關。葛翁一住幾千歲，閱此日月雙轉環。鶴背笙簫振寒廓，遺遺往往聞林間。西崕有井數百仞，丹光靈彩浮朱殿。昨夜長松發天籟，似驚遺珮聲珊珊。蓬萊咫尺元易到，獨慚蹤跡迷荆菅。此來暫欲須大藥，服藥駐我將衰顔。山中羽客吾宗胄，政與攜我起塵寰。竹房燕坐已半月，哄歌頓覺忘憂艱。手招喬晉非不好，尚恐泉石緣猶慳。芝草琅玕隔玄圃，小橋流水空潺湲。自讀古碑視往事，章殘字缺苔班班。臨風徙倚獨回首，但見絶壁青巑岏。武陵從來憩漁釣，曼倩自足躋仙班。他年雙成有消息，吾其抱琴來往還。

周　朴臨川人。道士。

東南一境清心目，有此千峰插翠微。人在下方衝月上，鶴從高處破煙飛。巖深水落寒侵骨，門静花開色照衣。欲識蓬萊今便是，更於何處學忘機。

孫　何兩浙轉運，直史館。

玉壇三級接秋空，此是仙家第幾重？羽客有時來駕鶴，皇人無歲不投龍。微吟海月生巖桂，長哄天風起澗松。司馬先生何處去？篆碑猶掛白雲封。

宗　泐字季潭，號全室。

好山好水多在大荒之東，華頂秀接四明三百八十朵之青芙蓉。丹崖瀉瀑布，碧天飛白虹。天柱擎天倚天立，勢與五嶽高崢嶸。金門仙子跨鸞去，嶠頭霞浸衣裳紅。我欲乘雲朝帝闕，順風放舟海水冽。海水忽静金雞啼，身在蓬萊白銀闕。

顧　碩

老矣希仙訪此山，山靈爲我一開顔。雲收瓊闕來鍾磬，水落梭溪響珮環。擇木斷碑芳草合，葛翁遺竈野花班。冥棲賴有飡霞侶，更願相從縹緲間。

丁彦俊

群峰還遶白雲堆，月滿瓊臺鶴自回。丹竈功成人跨足，數聲長笛斷橋西。

徐一夔

吾鄉之山動千數，獨有桐栢非凡山。孟冬之月日氣薄，浩有老興窮躋攀。峻嶺盤迴三百折，日晏始陟青霞關。芙蓉蒼翠幾千朵，四面周匝如城環。其中地勢坦若掌，别是天上非人間。飛樓湧殿墮灰塹，煙光霞氣猶未殷。長松夾道狀磥砢，槲葉打帽聲珊珊。欲尋古碑究年代，往往斷礫遺荆菅。仙人道士出迎客，羽衣蒼佩朱爲顔。桑田滄海易變幻，坐閲大劫輕人寰。澗東雲房尚突兀，掃榻延我忘疲艱。丹泉作酒麻作飯，殷勤餉客情非慳。忽驚風雨亂人耳，及是石瀨流潺湲。夜深明月出東嶺，半照窗户光爛煸。神清氣爽不成寐，直欲輕舉凌巑岏。誰云瓊闕不可即，顧我已接神霄班。但愁俗骨不可换，天明又覓征途還。

范　理

萬仞懸厓一徑斜，丹梯躡盡到仙家。金庭縹緲迷青嶂，瓊闕岧嶢散紫霞。野鶴階前窺玉粒，山童洞裡熟胡麻。桃源此去無多路，流水中間認落花。

平生霞嶠麓，惟愛霞城標。寧知絶壁上，復此風景饒。洞門豁瀠迴，飛閣凌清霄。長松蔭白石，寒泉出山椒。仙源已在眼，歸雲不用招。矧兹雙闕間，瓊臺蔚岧嶢。天籟時時鳴，異香長日飄。琪樹燦朱實，靈藥羅芳苗。丹顔固可駐，三光亦可凋。世緣殊可息，徒羡王子喬。明發下山去，回首煙霞遥。

胡　融

清曉騎白鹿，獨上桐栢山。山環若城廓，琪樹鬱參天。青猿道我路，如入崆峒巔。瑶草被陂緑，瓊蕊淩霜繁。傍瞰老子宫，玲瓏隱林間。堊棟天馬出，絳柱彫龍盤。歘與冥寂士，共談秋水篇。散髮松下嘯，拂霞石上眠。贈我玄玉膏，相期淩紫煙。

范　吉

山圍疊嶂繞層煙，萬丈飛流天際傾。太乙池頭洗遊屐，琪花瑶草不知名。

潘　淵

日暮行從華頂來，白雲深處見瓊臺。等閒欲跨揚州鶴，重撥丹爐舊日灰。

瓊臺深處覓金丹，白日能教生羽翰。兀坐小齋聽亂瀑，染霜紅葉打書寒。

陳 紱

行到山深山益奇，青松白雪兩依依。眼前好景道不盡，故使詩人得句遲。

徐 商

桐栢山中景最奇，我來欲別更遲遲。興豪直上華峰去，姓字應留一首詩。

周應顯

萬壑千巖秀氣鍾，紫霞深護蕊珠宫。書留真誥唐司馬，名重瓊臺晉葛洪。花繞九峰春色裏，龍歸三井雨聲中。飄飄欲脱塵凡骨，劍拂青蛇氣似虹。

王 度

清秋與客下天台，更覔人間福地開。七十二居封禪後，五千里外載星來。丹砂却老元光詔，玉檢祈年蔓倩才。苦憶宋人談往事，遠臣稽首亦何哉？

龐　櫟

桐栢天宫試一登，亂山深處霧昏昏。落花閒逐溪流漲，芳草新遮舊竈痕。密樹午爲紅日蓋，高山時躋白雲根。遥知司馬丹書在，那得真人仔細論？

潘　瑊

玉京紫府馳神久，讀罷黄庭向碧岑。九曲樵歌今日聽，八分碑刻乍曾臨。韓擇木八分書《桐栢觀訟》重刻在妙山。鶴歸華頂雲霞麗，人步瓊臺煙霧深。漸覺丹成毛骨换，遨遊不負此生心。

蔡宗堯

瓊臺雙闕自逶迤，石磴盤旋路欲迷。勝跡獨留仙去後，靈山初到日斜時。峰迴積翠龍歸遠，竈冷還丹鶴化遲。回首法宫深樹裏，星壇空對鎖雲涯。

宿桐栢觀[一]

孟浩然

海泛信風帆，夕宿逗雲島。緬尋滄海趣，近愛赤城好。捫蘿亦踐苔，輟掉恣窮討[二]。息陰憩桐柏，採秀尋芝草[三]。鶴淚清露垂，雞鳴信潮早。願言解纓綬，從此去煩惱。高步淩四壁[四]，玄蹤得三老。紛吾遠遊意，學彼長生道。日夕望三山，雲涛空浩浩。

校勘記

[一]《孟浩然集》題作《宿天台桐柏觀》，《天台勝蹟録》省。

[二]「掉」，《孟浩然集》《全唐詩》作「棹」，是。前賢書寫有混同從扌、從木旁之習慣，故「掉」、「棹」相混。

[三]「芝草」，原作「芳草」，《孟浩然集》《全唐詩》作「芝草」，芝草爲道士修煉所服食之仙藥，於義爲優，當從。

[四]「四壁」，《孟浩然集》同，《全唐詩》作「四明」，結合浙東地理，於義爲優，當從。

過桐栢山　錢　起

字仲文，吴興人。天寶十年及第，考功司郎中。

秋風過楚山，山静秋聲晚。賞心無定極，仙步亦清遠。反照雲竇空，寒流石苔淺。羽人昔已去，靈跡欣方踐。投策謝歸途，世缘從此遣。

桐栢山書懷　白玉蟾

桐栢山頭避俗囂，篇詩斗酒自逍遥。九峯野草迷丹竈，三井飛泉噴石橋。萬頃白雲烝緑野，一聲黄鶴唳青霄。人言華頂高高處，東望蓬萊浸海潮。

桐栢書感　蔡潮

空壇雲鎖萬山蒼，多負遊人問上方。師出豈緣尋藥去，爐寒應省煮茶忙。長松帶月迎孤鶴，芳草隨春上短牆。祈福賜田殘碣在，山童猶自説徽皇。

寄題桐栢觀　黄綰

桐栢宫中紫氣多，來遊歲月已蹉跎。煙嵐曉散瓊臺浄，草樹秋高雙闕峨。道氣千年聊復爾，金丹九轉又如何？坐望論在猶堪讀，鶴背誰傳鐵笛歌。

夜宿桐栢觀　高似孫

月到中峰玉峭深，露桃微重鶴移陰。隔松聽得仙官話，句句皆非世上音。

再至桐栢　高似孫

此山即蓬萊，其下通弱水。萬星奏上帝，一嶽留仙史。逍遥丹霞上，出没流精裏。夜半鶴又吗，月暈風欲起。自從西澗去，復見東峰峙。松施神農蘿，石護堯時髓。無中猶有象，玄外更無旨。略聞赤松道，浩劫不可紀。

桐栢臺夜作　高似孫

東厓紫雲飛，西壁白雪炯。洞口一何邃，人間無此静。松風翻瀑怒，梅月逼鶴驚。苔沂斷闕石，茶注彭亨鼎。丈人極好生，生神最澄景。且脩黄房訣，夜向香水汞。

次韻沈台州遊桐栢山　高似孫

中天積翠玉臺遥，崑閬吹風下九霄。鶴護青松生老珀，龍歸丹井應寒潮。三台自逐璣衡轉，五帝曾同海嶽朝。休道人間仙骨少，功成也會學松喬。

和李掌教遊桐栢　許　載字崇厚，號墨湖。

桐栢清幽地，仙翁煉藥窠。瓊臺峰硉矹，丹竈路逶迤。草木渾如畫，巖崖儼似磨。謫仙題絶後，重有耳孫過。

次虞都憲韻　丘嵩

自有乾坤有此山，獨來容我一躋攀。好峰削出雲霄外，仙景移來人世間。霞散赤城飄瑞靄，煙凝玉井護神丹。桃花流水知何處，便欲乘風謁帝關。

桐栢碑　胡融

韓公在大歷，高明懸日月。遊戲翰墨場，八分獨奇絶。遥嗤程邈鈍，近鄙伯喈拙。我來桐栢嶺，洗眼見碑碣。崒屼挾風霜，鐘簴粲成列。龜趺閟琳宇，鐵畫照清越。至今擅墨工，石本走吴越。引袖拂台山，山盡字乃滅。

桐栢宫憩眺　孔天胤

改轍升桐栢，息陰清夏雲。懷仙王子晉，駕鶴氣氤氲。觀表金庭舊，芝藏玉洞芬。信兹永可托，將此謝人群。

奉和孔文谷韻　張　鈇字寵之，號劍厓。武探花。

陟降仙洲上，霓旌拂曉雲。觀瀾窮浩蕩，芟道履氤氳。杯吸三芝影，歌揚八桂芬。相看孤鶴駕，矯矯自難群。

桐栢鍾銘　夏　竦

猗與法鍾，儀形規矩。頂峙龍飛，腰凝鸞舞。響振花飄，聲留鳥聚。遠徹普天，遥聞率土。警集仙衆，覺悟俗伍。四聚棟梁，三界門户。水鎮珠宫，長懸紫府。刱器一成，邈然千古。

瓊　臺　柳　泌

崖壁盤空山路回，白雲行盡見瓊臺。洞門黯黯陰雲閉，金闕曈曈日殿開。

方　干

積翠千層一徑開，遥盤山腹到瓊臺。藕花飄落巖前去，桂子流從别洞來。石上仙壇礙星斗，窗邊瀑布走風雷。縱云孤鶴無留滯，定恐煙霞不放回。

李　白[一]

龍樓鳳閣不肯住，飛騰直欲天台去。碧玉連環八面山，山中亦有人行路。青衣約我遊瓊臺，琪木花芳九葉開。天風飄香不點地，千片萬片絶塵埃。我來正當重九後，嘯把煙霞俱抖擻。明朝拂袖出紫薇，壁上龍蛇空自走。

校勘記

〔一〕此詩李白集中未見，亦未見於唐人别集及《全唐詩》，殆後人附會假托之作耳。

胡　融

瓊臺插中天，仙聖展遊眺。亭亭珠玗樹，蒙日光照曜。上有天樂鳴，嘈雜聲要妙。浮丘倚巖聽，玉女排雲咲。兹遊償夙心，時聞八鸞嘯。搴莖茹金芝，援藟愛青峭。瑯耶失孤岫，渤海播圓嶠。抵掌嗤客星，石瀨坐投釣。

高似孫

翠嶽竦神秀，玉衡直三台。上有長生君，含光赤城臺。陽崖爍金芝，陰壑生碧苔。獨立雲在下，一嘯仙俱來。丹郎醉不醒，玉女聲如孩。帝鄉風自寒，洞口花長開。所嗟塵埃中，那有神仙才？秦皇謾東海，漢武空蓬萊。

葉　慎號恒陽。

神明敞福地，仙都閟幽奇。玄匠恣英巧，翠壁團紅旗。雙闕夾以聳，瓊臺幾中陲。窅窅高真窟，鬱鬱龍虎翥。仙潭懸玉鯉，邃壑凝金芝。積嗜生凌厲，捫蘿雲磴攲。稽生負夙緣，餐髓遲如飴。去去採大藥，勿爲塵所欺。

瓊臺曲

楊維楨

瓊臺之山三萬八千丈，上有瓊臺十二高崚嶒。草有三秀之芝可藥疾，樹有千歲之實可長生。神人白面長眉青，玉笙吹春雙鳳鳴。曉然見我驚呼名，授我以靈虛之簧和飛瓊。約我一雙玉杵臼，重見西熊盈。剛風吹墮白雪精，一念老作阿姑星[二]。赤城老人在何處？何以遺我九節藤？柱倒瓊臺十二層。

校勘記

[二] 此詩有脱譌，致幾句文義不暢。今引楊維楨《鐵崖古樂府》原詩對校，「瓊臺曲」，本作「璚臺曲」，「瓊臺十二」前脱「上有」兩字，「長眉」後脱一「青」字，「玉笙吹」後脱一「春」字，「西熊」後脱一「盈」字，「阿」作「河」字。今據以改補。

瓊臺歌　夏鍭

人貪歷險來，地壤登高廣。古殿入風雲，良疇亘煙莽。九峰布星極，六院隨黍壤。碑裂苔裏文，簫沈月中響。林炊狐鼠親，野闃猿鳥賞。山名由產勝，快指前岡往。闕懸雙劍拔，臺奠一窩仰。登陟擬窮探，捉株攀杙上。短髮舉空天，長眺結玄想。仙人望不來，手弄金鰲顙。去觀肘掖下，忘跡細尋訪。丹竈裊煙蘿，石床冷雲幌。笑引綠苔住，坐看朱草長。洞徹福庭遊，鶴使終忽恍。且置之礌落方共漿。女溪米尋源，一繚三千丈。噴薄下層巒，天紳垂滉瀁。從前界道瀑，得與赤城兩。詩增臺主人，永與同標榜。

陳臨民

造化之理何恠哉？插空幻出嵬嵬臺。潤如瓊玉琢古昦，屹若砥柱四不連根荄。日月掩其頂，蛟龍蟠其限。奇勝本爲神所該，世人豈得輕疑猜？葛仙翁，馬道士，夙有深緣來住此。吹鐵笛，彈素琴，朝而升兮暮而止。托身臺上雲，濯足臺下水。石牀丹竈尚依然，莓苔綠遍三春雨。東撫扶桑樹，西挈昆侖丘。玉簫引却鳳來遊，興頭遂可摩牽牛。

瓊臺西路　高似孫

一夜天台雨，青鞋踏遍沙。添將清瀑水，濕盡碧桃花。涉澗鉏山朮，和雲嚼野茶。便無仙骨分，不敢更思家。

清曉昇瓊臺石厓有仙人脚跡　高似孫

亂石掛天倚嵐壁，苔痕不犯松喬跡。上通群帝集台斗，下鑿十洲通碣石。樹呼清風雜古今，山遺宿潤從開闢。丹翁曾同玉女醉，樵者亦見仙人弈。雲飛磴道晴掩冉，露濕衣裳香滴瀝。洞中靈君來不來，鶴歸銜落桃花碧。

瓊臺銘　夏竦

瓊臺巀嶭，左右如闕。直上相等，蘿交蔓結。啟閉雲氣，出入日月。千流若線，群峰如屑。凌霄壓海，吞吳跨越。

雙闕　胡融

朝遊雙闕下，遂登雙闕上。峻壁束清溪，石扇闔奔嶂。旁通風雲氣，下蓄關鍵狀。高踏劍閣竦，挾過彭門壯。我行季秋月，霜飈掃霾瘴。崖枯水還壑，巴峽失清漲。矯步凌丹梯，陟險神愈王。作書遺家人，昨指悔狂妄。

登雙闕最高頂　孔天胤

弱水緬方壺，蓬萊夢員嶠。豈若升丹丘，一展凌雲眺。雙闕邇層城，中霄列回徼。瓊室隱非煙，金庭迷返照。芝楊冷吹芬，鸞度空音嘯。碧樹睇若流，彤霞望如燒。流目渺大荒，矯首希玄寥。明滅區裏緣，忽恍象中妙。尋境既聿來，通真豈難劭？凝思在幽巘，洛濱可同調。

張鈇

振策凌台室，諸天仄徑遥。松梧風淅淅，鈴鐸雨蕭蕭。泉迸青泥髓，芝合白玉苗。麾虹度仙闕，低視石梁橋。

瓊臺雙闕　陳長卿

仙客鞭鸞遠俗埃，山靈扶出玉爲臺。霞明前嶠金丹伏，風遶中壇絳節回。秀色玲瓏雲半掩，寒光璀璨月初來。欲登絶頂招王子，嶽豆溟杯亦快哉！

屹然相向出雲長，對立天台最上方。高礙羲娥須假道，近侵象緯亦潛茫。龍於黑處蟠靈壑，猿在空中掛夕陽。安得身輕生羽翼？坐看海日發扶桑。

楊維楨

巨聞霹靂手，擘開雙石闕。中有萬丈奇嵂崒，鐵鎖高垂不可躡。洪厓後人挾高掘，引我臺端立高絶。仙人跗蹟一一存，翩若飛虹印輕雪。栢梁栢仙隔吴越，瓊臺不受東巡轍。周郎紫鳳高可呼，待我一聲吹笛鐵。卿雲五彩相蔽虧，琪樹精光忽明滅。山花山鳥自春秋，天氣長清光日月。我本三生劉阮胎，三千年前我曾來。仙家鷄犬别有路，金橋銀闕紅霧開。人間甲子不得老，瓊姬玉女桃花腮。我今幻習都洗盡，水邊山際胡麻媒。尋真只尋盧道人此山真人有盧公，虚皇座前曾相陪。樂章傳下廣寒闕，瓊漿悮觴流霞杯。盧公已乘白鶴去，長生木瓢安在哉？竹溪李提點更尋李八百，玉棺何處生莓苔？笙簫杳杳九清夜，應有松頭雙鶴回。

潘　禎

天地兩人真偶會，曉風聊此望神洲。側身今古空蓬鬢，回首東南又晚秋。落木蕭蕭山欲瘦，滄溟滚滚地疑浮。舞雩狂興千年在，短帽西風醉更留。

魯崇志

名山多説天台秀，勝概仙蹤眼界賒。隨地有苗多藥草，經春無水不桃花。萬松夾徑維摩刹，雙闕凌虚道士家。顧我别來常夢想，春風幾載隔天涯。

三井銘　夏　竦

石罅山半，三井如鑿。圓不可窺，深不可度。亂澗四入，飛流外落。墮石不盈，殢陽不涸。冷激松檜，碧混厓崿。山靈所衛，神物攸托。簫鼓一鳴，雷雨偕作。

題司馬悔橋[一]　無名氏

道書司馬悔，福地在天台。兹山秀盤薄，億載青崔嵬。如何越中誌，紀載殊未該。浪云唐子微，曾過兹橋來。奉詔悔輕出，欲勒俗駕回。至合名字存，脩梁架巖隈。啚諜已太戾，土俗尤踈哉。以悔爲晦明，大字標板碑。流傳愈訛舛，靈笈君試開。

校勘記

〔一〕詩題及詩中首句「司馬悔」、第五聯「悔輕出」、倒第二聯「以悔爲晦明」四個「悔」字原作「晦」，宋陳耆卿《赤城志》卷四〇《辨誤門》已作考證，陳氏云：「《會稽志》載：　司馬悔橋在新昌縣東南四十里。」「唐司馬承禎隱天台山，被召，至此而悔。因以爲名。」「有過客題詩云：　『道書司馬悔，福地在天台……』」所引即此詩，唯上述四個「悔」字不作「晦」耳。

瀑布　夏　鍭

嶺下逢白水，掛在高高巖。川嶽合奇勝，造化割仙凡。飛珠不可算，佩下三千尺。流波望遠海，落澗穿窮石。貪覩屢蹐險，衆客吁而還。獨坐窮壑底，見者猶神仙。草木意氣深，煙霞半亦濕。洗濯厚土憂，濺灑青天泣。渴飲石下流，饑投雲裏樹。行出水聲去，山空樵者言。平生不曾見，百慮今消散。相邀同心人，歲晚還來看。我本愛山水，落在山水中。待吾歸去來，結屋住兩峰。

曹　松

萬仞得名云瀑布，遠看如織掛天台。休嫌寶尺難量度，直恐金刀易展裁。噴向林梢成夏雪，傾來石上作春雷。欲知便是銀河水，墮落人間合却迴。

巢雪野人

劈天神斧快，幽境斲難成。瀉峽垂虹影，飛空作雨聲。藉渠原本潔，洗我肺肝清。覽勝不遊此，空勞到赤城。

徐濟

百尺懸崖掛玉龍，捲將雲霧上虛空。十年奔走紅塵裏，相對渾疑是畫中。

夏竦

洞天一派應三台，疑是銀河軸地來。千丈雪崖飄白鍊[一]，至今人喚女梭溪。

校勘記

[一]「白鍊」，當作「白練」，形近而誤也。古人手書每不甚嚴格區分，如稱道士爲鍊師，亦屢寫作練師，即其例也。

瀑布壑 賈恒

大勝還從大險通，攀懸一到更誰同？長泉還落青天半，深谷誰看白日中。滾沫成輪翻夏雪，飛花作雨弄晴虹。淒寒僻寂莫久住，誰憐此興終無窮。

瀑布寺　鄭巢

林踈多暮蟬，卧去宿山煙。古壁燈薰畫，秋琴雨慢弦。竹間窺遠鶴，巖上取寒泉。西嶽莎房在，歸期更幾年。

望百丈巖　賈恒

造物留情似可疑，奇奇恠恠復何爲？題詩幾決遊人背，撫景偏生野老悲。鎔成太初誰可扣，壁立萬仞吾當師。霜風鼓氣淪毛髮，千古令人想伯夷。

福聖觀即天台觀　呂巖字洞賓，號上陽子。

青蛇遶地月徘徊，夜静雲間鶴未回。欲度有緣人换骨，暫留蹤跡在天台。

遵式

古觀春山下，尋幽似有期。瀑清冥坐久，峰好獨歸遲。客嘯巢禽識，仙蹤藥叟知。我來無别趣，禪性盡相宜。

余　爽

九峰回合抱瓊田，石蕊雲英漱瀑泉。聞説丹成從此路，玉虹芝駕上青天。

紫府金庭大帝宫，露壇蒼檜響天風。上清神虎何年見？雲錦空傳兩玉童。

子晉鸞飛侍帝班，吹臺今在碧雲間。高秋白月霜風夜，時有笙簫赴海還。

姚　祐

織女機成未展裁，練光浮出五雲開。月邊縈彩憑空落，澗底寒聲動地雷。望極九霄人錯愕，勢傾三井雪崩摧。卧龍欲起爲霖雨，肯逐洪波去不回。

王介之

奔雷漱玉向高秋，長伴神仙出衆流。下得碧山終未足，待歸滄海始應休。雲饒浄色依依斂，猿傍寒聲歷歷秋。别有千尋在何處？塵生南面遶溪頭。

洪　适

芝田環拱碧崔嵬，流瀑高從天際來。飛沫有風長是雪，寒聲無日不如雷。巖前八桂誰人折？溪畔千桃露未開。便覺仙都清晝永，翻愁歸路染黄埃。

張無夢

天台瀑布落青天，觀在天台瀑布邊。道士秖今燒藥處，仙翁曾是種芝田。龍歸古洞遺殘雨，鶴出高巢點破煙。暫别靈溪遊五嶽，不知重到又何年？

台山小隱十餘秋，曾伴仙翁處處遊。瀑布長流天上雪，翠屏高倚洞前樓。雲堆華頂尋仙馭，月滿靈溪狎海鷗。此地重歸别得路，赤城玉府透瀛洲。

李建中

永懷閒訪道，斗上上仙居。瀑布聲聲外，桂花林影踈。名山孫綽賦，觀額葛玄書。已負秋來約，誅茅興有餘。

盧士衡

雲藏寶殿風塵外，粉壁松軒入看初。話久仙童顔色老，病來玄鶴羽毛踈。樵翁接引尋紅朮，道士留連説子書。不爲壯心降未得，便堪從此翫清虚。

福聖觀瀑布　楊　傑字子寬。惠懿公。

積雪懸厓照幽谷，轟雷破石響空山。真疑天上銀河水，倒瀉千巖萬壑間。

宿天台觀即福聖觀　劉昭禹

鰲海西邊觀，霄吟景象寛。雲開孤月上，瀑噴一山寒。人異髪常緑，草靈秋不乾。無由此棲息，魂夢在長安。

玉清行磨厓在福聖觀後　柳　泌

遥遥寒冬時，蕭蕭躡太無。仰望蘂珠殿，横天臨玉虚。下看白日流，上造真皇居。西牖日門開，南衢星宿踈一作移。王母來瑶池，慶雲擁瓊轝。嵬峩丹鳳冠，長曳紫霞裾。瑩徹聖姿嚴，飄飖神步徐。

仙郎執玉節，侍女奉金書。靈香散彩煙，北闕路軿闐，龍馬行無跡，歌鍾聲沸天。馭風升寶座，停景晏華筵。妙奏三春曲，高羅萬古仙。七珍飛滿座，九液酌如泉。靈佩垂軒下，旗旛列帳前。獅麟威赫赫，鸞鳳影翩翩。顧盻乃須臾，已是數千年。

方瀛山居　白玉蟾

方瀛山上風颼颼，五月六月常如秋。松花落地鶴飛去，萬頃白雲空翠浮。夜半蟾蜍落丹井，琪林深鎖寒煙冥。滿天白露點蒼苔，蛙市一散萬籟静。三樹兩樹啼斷猿，樹冷棲禽夜不眠。數點飛螢戀沙逕，山腰石潤悲寒泉。鐘聲隔斷華胥路，不知胡蝶飛何處？摩挲兩眼摺紙衾，人道今辰正端午。曉雨初霽梅子肥，龍孫脱籜新燕飛。山居蕭然無一物，摘蘁搗麥充晨炊。憶着往年五月四，葛巾羽扇鸞溪市。龍艘破浪槳萬枝，鉦鼓聒天旗掣水。紙錢飛起屈原祠，行人往來如蟻移。桐花入鬢綵繫臂，家家禦疫折桃枝。庭前绿艾制绿虎，細切菖蒲斟绿醑。羹鶩鱠鯉瓣華筵，冷浸水團包角黍。今年寂寞坐空山，山雨山風生曉寒。默庵令我休意氣，作詩略述山居意。安得兩腋生飛翰，與君飛上況寥間，免使在世賦辛酸。

題妙樂觀　靈一

王喬所居空山觀，白雲至今凝不散。壇場月路幾千年，往往吹笙下天半。瀑布西行過石橋，黄精採根還採苗。忽見一人擎茶碗，蓼花昨夜風吹滿。自言佳處在東坡，白犬相隨邀我過。松間石上有棋局，能使樵人爛斧柯。

題妙聲堂　曾惇

門外千峰翠作堆，道人名籍在丹臺。是非榮辱俱休問，只放泉聲入耳來。

洪适

泉溜古今同，臨流萬慮空。採芝歸絶嶂，漆竹映踈叢。影漾高秋月，聲宜深夜風。真清長在耳，何用撫孤桐（石道士能琴）。

夜宿金庭洞　高似孫

夙聞桐栢山，下有金庭洞。五雲所出没，千翠相迎送。川明芝自燁，夏冷雪猶凍。沙泉注陽水，蒼碧孕陰峒。天光抱瓊臺，神力扶蘭棟。其左聞蒼虬，其西翱紫鳳。見穿穴窈複，旁見石闕空。青煙溜松髓，白水鳴醴甕。恠草不知名，珍禽時曳弄。石蜜吐巖房，琪芳突苔縫。星君時一遊，仙翁亦參從。或乘玄鶴來，或並青鸞控。香趨玉女跪，丹走山靈慟。谷神元不死，玄根在深種。誰其握性命，於此被昏夢。世人少知幾，何能側天用？

石門瀑布　方　干[一]

奔傾漱石亦傾苔，此水便隨元化來。長片掛巖輕是練，遠聲雜洞咽於雷。氣侵松樹千枝潤，勢畫雲霞一道開。直是銀河分派落，兼聞碎滴濺天台。

校勘記

〔一〕「干」，原作「千」，形近而誤，且非止一處。

葛仙壇　高天逸

落木山磴高，衝雨出雲背。雨來山浮湛，雨過山破碎。麻姑正相望，玉笥拔天翠。太初浩無隣，而此萬象最。洞煙鬱無聲，入座洞雲避。神仙竅靈聰，通此天地氣。摩挲太古石，吾生豈無寄？神仙彼何人？亦肯於我閟。

遊上方　姚　合字武功。崇之玄孫云。

曉上上方高處立，路人羨我此時身。白雲向我頭上過，我更羨雲多路人。

題上方壁　李端氏

寓居蕭寺便爲家，問舍求田事未涯。平昔孤蹤猶可表，少年豪氣不須誇。雪消野徑生春薺，風動荒林噪晚鴉。極目悠然千里思，秖將詩句傲煙霞。

石門　王度

石門深鎖氣何雄，那得群仙採藥蹤？列嶂時時看過鳥，懸厓歷歷長遊龍。一書未學嵇中散，十月聊陪邴蔓容。擬向錦屏題姓字，蕭臺端的是元功。

西定慧院　賀洪字禹疇，慈谿人。御史。

支遁當年學道心，塵囂不染愛雲林。行吟白鹿穿花徑，坐笑青猿掛柳陰。慧院堂虚禪室浄，石梁橋迴海濤深。天台原是蓬萊景，暫到人間訪梵音。

王健

丹崖翠壁路千重，巘閣風清度午鐘。可是老龍來聽法，半山煙雨忽濛濛。

潘　瑊

仙源屈曲覓遺蹤，更上峰巒第幾重？雨散天衢龍入海，鶴歸松頂月當空。禪堂夜静香燈睡，佛宇年深曲座慵。忽聽上方鐘鼓響，五更雲集禮金容。

護國寺

錢惟演

峻極壓滄溟，清居聚百靈。重門深閟邃，絶澗遠湛冥。客問無生法，人遊不死庭。何當謝簪组，鳥道駕飛軨。

錢惟濟

穹窿台嶽壓重溟，中起青鴛接福庭。新好天花經雨墜，清涼甘露隔霄零。金繩界道連飛布，碧樹周阿繞翠屏。異日功名解纓去，佇期同擷玉芝馨。

夏　鍭

一舍西來集鳳麟，箇中門户不通塵。桃花流水仙源近，贏得雙姝作比隣。

盧　濬

面面芙蓉隔市喧，定中清磬報朝昏。年來底事鷩山長？夜半催科吏打門。

韋商臣

山平方覺鳥聲喧，繫馬山房日已昏。讀罷溪翁壁間句，寒蛩遶砌月當門。

盧　濬

錢王遺跡臣麒麟，斜日西風幾劫塵。猶有雲仍樹高碣，不妨狐兔永爲隣。

周應顯

護國寺隣劉阮宅，樓臺吳越舊山川。奇峰恠石小靈隱，流水桃花古洞天。翠堵峰前雲縹緲，麒麟冢上草芊綿。斷碑剥落留人讀，回首空山思惘然。

郭　鐸號蒙泉，黄巖人。

木屐拖雲入翠微，碧莎瑶草路依稀。遠山飛翠粘吟袖，落瓣飄紅點客衣。老壁塵昏題已失，小牕僧定鶴初飛。我來乍識禪家味，雲白重封雙竹扉。

錢章卿

山遇桃源護國西，微茫遠樹壓雲低。高僧獨誦稜嚴罷，兀坐蒲團聽午鷄。朝代廢興雙塔古，竹松蒼翠五峰幽。山童問我來何晚，憶昔於今兩度遊。

宿護國寺　周　振

碧雲紅樹萬山秋，躡磴攀蘿徑轉幽。斜日荒荒巖際下，細泉淺淺寺前流。蕭梁賜額名猶在[一]，石塔藏碑字尚留。千載廢興真夢幻，清燈夜雨思悠悠。

校勘記

[一]「蕭」，原作「簫」。前賢於竹字頭、艹字頭之字每有書寫混同之習慣，以致將簫混同於蕭也，并不像今人如此分別。

八月十三夜宿護國寺　潘瑊

鳳山秀水越王丘，般若樓臺景更幽。夜静月明渾不寐，碧天如洗近中秋。

白巖寺　張耕

老龍飛自九天來，怒觸巖前石骨開。留得江郎遺跡在，至今平地起風雷。

余世安

來宿白巖寺，新秋夜氣清。半牕横月色，一枕送蛩聲。果熟僧先俱，醪任客盡觥。驅馳覓幽勝，不必問山名。

夏鍭

山門雲水眼中新，乍入重山指顧頻。未説麝奴香遞迤，且誇石丈玉嶙峋。

接待寺　陸　寶參政。

山程無驛吏，迎候喜逢僧。貌古將如肅，身輕不杖藤。煮茶供茗碗，拂石從松棚。興到成孤詠，來遊寄我曾。

王　道御史。

山圍林遶翠屏開，天外群峰拱上台。半世浮名脩短鬢，一窗清夢下庭槐。川源吴越皆驚眼，彭澤唐虞謾論才。踈養喜傳明主詔，白雲迎望如歸來。

劉　瑞

細路煙雲裏，空山見草廬。吾人憐泡影，仙子本安居。寒雨歸心速，秋山客鬢踈。長纔舊知己，何日雜樵漁。

謝　鐸

三十年來到此曾，竹床猶憶寢還興。青山未老風光在，白髮重來感慨增。往事忽驚春後夢，浮名真愧佛前燈。拂衣又是明朝路，天姥峰頭第幾層？

童　悦

到處好山借作家，迴峰疊嶂出煙霞。虚堂入定禪初寂，野徑逗寒梅欲花。楝宇尚留蕭翰墨，山門還自晉袈裟。我來欲問前朝事，僧臘無憑日未斜。

劉　瑞字得夫，號五清。提學。

此景原從混沌開，直憐東海接三台。奇峰往往皆成筍，仙洞寥寥已夢槐。萬里雲霄今日快，百年騷雅謫仙才。我生蹤跡江湖半，又向東南第一來。

卷四

桃源洞

元　稹字微之，河南人。

仙洞千年一度開，等閒偷入又偷回。桃花飛盡秋風起，何處消沉去不來？

芙蓉脂肉绿雲鬟，罨畫樓臺青黛山。千樹桃花萬年藥，不知何事憶人間？

晁公爲郡守。

桃花開已繁，流水濺濺去。不見持盃人，自嘆來何暮。

陸可大

古來貞潔羞自媒，神仙往往非凡胎。劉秦阮肇如有道，詎□費禮昏天台[二]？桃花流水清如彼，使之有知當泥耳。傷心竹帛類堪哀，安得聖人能復起？

校勘記

〔一〕此句第二字漫漶莫辨。

趙汝愚字子直。定忠公。

當午劉阮意何窮，莫謂仙凡事不同。解到瓊臺雙闕下，遥知道骨與仙風。

林　仰字少瞻。

深樹溟溟一徑風，溪流應與十洲通。仙家日月無人識，只愛桃花二月紅。

洪　适

桃花當日未成蹊，只有幽禽語翠微。楚峽行雲初入夢，秦臺鳴鳳要同飛。仙家長若三春好，人境何知萬事非？訪問丘園荒舊跡，却應回首悔來歸。

劉友鶴孟岸人。

流水胡麻好問津，何須採藥更求真？ 劉郎不悮思歸去，空度人間七世春。

吴師正

天台春暖藺若馨，海榴吐血黄鳥鳴。 風晴雨霽洞天曉，畫屏有路遊人行。 劉郎阮郎剡溪客，結伴窮幽絶人跡。 洞口遥聞漱玉聲，有鳴玉澗時有飄英點溪碧。 捫蘿涉水前攀緣，瞥見勝景層崕巔。 夭桃瓊草蔓深谷，飛流傑閣凌青煙。 潭上金橋跨龍背，綽約雙鸞飲潭水。 初疑帝子别瀟湘，珠珮珊珊來玉趾。 瓌姿瑋態躊躕久，熟視人間未嘗有。 羅幔深沈邀客留，胡麻爲飲椒漿酒。 問郎於此何當還，壺中景好非塵寰。 客驚遽返覓閭里，子孫在在皆重玄。 年華瞬息嘆浮世，往事分明如夢寐。 相與迴尋舊路悲，亂山稠疊煙霞蔽。 我來躡屐觀遺跡，松陰坐久曾不逢。 野僧相引下山宿，落霞斜日林稍紅。

鄭至道本縣尹。

採藥歸來世代賒，洞門方此掃煙霞。 碧潭清泚弄明月，翠微高低飄落花。 芳草已迷當日路，白雲空想舊人家。 自慚不是浮觴侶，謾向山前醉帽斜。

王漢之

洞府雲間白日賒，碧潭清影照雲霞。弄珠人捧江皋珮，刻玉巖開閬苑花。風月有情回俗駕，塵埃無處問仙家。歸來惆望金橋水，露滴桃源一徑斜。

二女春遊閬苑花，醉邀劉阮飯胡麻。仙人忽逐笙簫去，空倚山頭恨落霞。

王沔之

流傳晨肇隱無蹤，搜發仙源屬鄭公。百尺靈泉清徹底，千尋蒼玉勢淩空。飄香故跡人雖到，採藥巔崖路不通。二女深沈斷消息，桃花依舊笑春風。

毛　漸

洞門流水日潺潺，桃塢依然枕水邊。春色年年花自好，遊人誰復遇嬋娟？

左　緯

劉郎何用憶塵寰，舊路重尋事已難。古意飄零無處覓，藤縈溪色上闌干。

浮盃石上坐多時，手弄滄浪客思遲。片片落花收拾看，洞中疑有舊題詩。

青山簇簇水灣灣，洞户應將玉鎖關。飲罷出來紅日晚，一聲鷄犬悟人間。

趙鼎臣

採藥偶從山裏去，尋家却向洞中歸。朝雲暮雨漫愁絶，古往今來果是非。

黄　綰

桃花洞口白猿啼，青壁無媒尚自躋。仙媛至今何處在？劉郎當日豈俱迷？山中鹿馭今猶見，雲裏龍輈孰與齊？笑指清溪還獨去，人寰日月任東西。

龐　泮

一溪流水落平川，人説桃源隱異仙。若有神仙尚不死，如何今日也茫然？

鄭侯當日覔桃源，種得桃花滿澗纏。今日落紅流洞口，紛紛附説是仙泉。

施一德號恒齋，崇明人。本府同知。

採藥不知劉阮處，洞門千古水雲横。二郎元是仙娥伴，故向人間留此名。

韋商臣

此去桃源只二里，萬松浮翠亂山横。人心自有真丹在，謾爾來尋劉阮郎。

石壁崚競自作垣，山僧批點説桃源。斜陽隔水遥相望，碧草蒼苔鎖洞門。

周　振

劉阮遺蹤不可求，煙霞深鎖洞門秋。吟餘惆悵溪頭水，嗚咽于今尚未收。

陳　瓚

曾計髫年到，而今四十霜。無由蜕凡骨，何處覓仙郎？湘水空祠地，巫山幻夢鄉。登臨一吊古，回首未斜陽。

朱　恩號月樓，黄巖人。

疊嶂堆螺三百丈，半空石洞未曾關。蒼藤已斷桃花盡，不見金橋戲彩鬟。

丁　丕號巢雲。

桃源渺何許？雲樹隔重重。紅泛落花水，青攢過雨峰。尋幽還着屐，陟險更扶笻。仙子終難遇，含情獨倚松。

潘　淵

一溪水曲松陰斜，不見雙姝路轉賒。却怪劉郎動歸思，玉桃千樹爲誰花？

謾攜筐筥下天台，花徑依微蔽绿苔。一自劉郎歸去後，洞門深鎖不曾開。

楊　珂

憶昔遊天台，山深杳無極。下有桃花源，上通班竹石。洞門長自開，白雲滿丹壁。道逢採藥人，授我雙飛舄。几几蹈八方，垣垣無形跡。回視東溟翻，坐看桑田易。天地本無始，萬化一瞬息。永懷在黄雲，樂哉宜真宅。

葉良佩

綉壁參差罨畫開，仙源窈窕曲欄迴。曾聞交甫逢真境，始信淵明是異才。流水但循鳴玉澗，行雲如在洗粧臺。道人不是高唐客，應有雙鬟洞裏來。

潘　瑊

七世雲仍認不真，分明記得洞房春。雙姝縱是無媒妁，劉阮原非採藥人。

誣民惑世幻重來，雲樹蒼茫何處回？不是洞門空鎖鑰，要分凡骨與仙胎。

洞中日月世間差，暗裏長生奚足誇？我欲仙凡同一局，山山流出碧桃花。

神仙長説在天台，修煉工夫亦謬哉？劫滿功成居上品，天荒地老始輪迴。

劉秦阮肇遊天台

曹　唐字堯賓，桂州人。

樹入天台石路新，雲和草色迥無塵。煙霞不省生前事，水木空疑夢後身。往往鷄鳴巖下月，時時犬吠洞中春。不知此地居何處？須就桃源問主人。

劉阮洞中遇仙人

曹　唐

天和曙色靄蒼蒼，霞重嵐深路渺茫。雲竇滿山無鳥雀，水聲沿澗有笙簧。碧桃洞裡乾坤别，紅杏枝頭日月長。願得花間有人出，免令仙犬吠劉郎。

仙子送劉阮出洞　曹　唐

殷勤相送出天台，仙境那能得再來？雲液既歸須強飲，玉緘無事莫頻開。花當洞口春長在，水向人間去不回。惆悵溪頭從此別，碧煙明月鎖蒼苔。

仙子洞中有懷劉阮　曹　唐

不將清瑟理霓裳，塵夢那知鶴夢長。洞裡有天春寂寂，人間無語月茫茫。玉莎瑶草連溪碧，流水桃花滿澗香。曉露風燈易零落，此生何處問劉郎。

劉阮再到天台不復見諸仙子　曹　唐

再到天台訪玉真，青苔白石已成塵。笙歌寂寞閒深洞，雲鶴蕭條絶舊隣。草樹總非前度色，煙霞無是往年春。桃花流水依然在，不見當初勸酒人。

桃源春晚　周文盛按察使。

東風扇暖轉陽和，春入桃源景最賒。一抹淡煙籠麗錦，半灣流水漾晴霞。争誇眼界韶華好，知是天邊雨露加。自慶陰厓窮谷地，寒枝到此亦生花。

題劉阮　趙　恩字子仁，號小山。

半載淹留成七世，仙家想是日爲年。逢人謾説長生好，斷送流光是此緣。

女郎潘氏號碧天道人。

千年老樹萬年山，洞口仙娥自玉顔。劉阮當時那得見，浪傳浮跡在人間。

天接青山路萬重，仙家洞口白雲通。聽殘一夜溪頭雨，流出桃花幾片紅？

劉阮廟　王十朋

澗水桃花路易迷，不同人世下成蹊。自從重入山中去，煙雨深深鎖舊溪。

經天台劉阮洞雨作不及遊　顧士龍字晉英，號蘋隱。

松形夭矯學飛鸞，恠石蒼厓蘚暈團。地僻不容人跡到，雲深更覺客衣單。春歸不見桃千樹，月冷空餘水一灘。欲問神仙向何處？山風吹雨作朝寒。

訪桃源和吴伯通先生韻　夏　竦

斷厓飛瀑勢層層，細路穿雲足倦登。澗底嵐深琪樹老，洞前春暖碧桃生。煙霞縹緲無蹤跡，流水微茫絶鳥聲。欲問劉郎何處去？滿山香繞藥苗青。

戚　和號海隅，上海人。仙居主簿。

惠政旁施到海陬，卑微從覓阮同劉。冠裳掩映桃花爛，絲竹輕清鳥韻柔。未必人從洞口出，笑看杯自洞中流。翻思脂肉芙蓉面，又恐山中七世留。

桃源謾紀　趙廷松號徂來山人。副使。

松竈傳三隱，桃源憶二仙。乾坤洞門裏，雲水石梁邊。叱石邀雙瀑，開關散碧天。憐余隨幻在，回首一倏然。

桃源圖　周文盛

嘗聞武陵源，漁郎問津處。又聞天台中，風景亦如此。神仙之説真有無，模倣風流成畫圖。樓臺插空耀金碧，鸞驂鶴馭相招呼。娥眉中有如花女，霞帔翩翩欲飛舉。碧桃洞口生春風，却引劉郎上天去。劉郎上天無幾時，歡多忽起凡間思。歸來忘却舊時路，琪花瑶草空含悲。至今天台山，有藥還可采，花間不見雙姝在。題詩正欲問麻姑，幾見桑田變滄海？

劉阮天台圖　陶　肱字良佐，號巽齋學人。

芙蓉綵幔綉香茵，蕙質蘭肌洞裡人。腸斷仙郎歸去後，碧桃空度綺樓春。

桃源行　無名氏

天台山乃錢塘之南，甌越之間。上有撐雲柱日千丈高峰挺嵂屼，下有奔雷噴霧萬仞深壑流潺湲。是爲上清玉平洞天府，樓閣十二神仙寰。碧桃吹香曉風暖，蒼松鎖翠春霞閒。中有綽約雙姝子，玉爲肌骨花爲顔。彼美劉阮郎，採藥來此攜傾筐。尋幽遠去不知極，遂使歸路迷羊腸。載飢載渴日云暮，欲進不進徒徬徨。且攀桃實當飢糧，且掬澗水爲渴漿。一瓢何處忽流出？知有人家居上方。且涉一水盤一岡，可人止見雙姝行。雙姝笑相迎，喜氣回春陽。問郎來何晚？相邀入洞房。與郎夙世有緣契，共郎結作雙鴛鴦。便呼小玉排金鎖，開綺窗，珍珠簾前珊瑚帳，雲母屏開玳瑁床。四鄰仙客來相賀，手持七寶玻璃觴。酌郎酒，戲郎嘗，願郎慎勿思故鄉。胡麻飯，山羊脯，願郎飽餐心弗苦。丹雞歌，白鶴舞，金童吹簫玉女鼓。油雲膩雨昏自晨，仙家日月四時春。翠禽無端巧饒舌，隔窗喚醒思歸人。郎思歸心何太切？只爲塵根難斷絶。留郎不住送郎行，袖羅掩面難爲别。攜手行行出洞天，欲尋歸路何茫然！只見崩城敗廓慘澹照斜日，荒村古隴蕭索凝寒煙。俯欲詢子孫，子孫已是七葉傳。俯欲詢故人，故人已是枯骨消黄泉。只在山中方半載，豈知世上成千年？進無所依退無據，却憶仙家舊遊處。撫心惆悵欲往從，柰此千山萬水隔煙樹。雙姝有約不負人，到頭畢竟還相遇。何人貌似仙家宗，縞素歷歷回靈風？主人索我寫枯語，惜無健筆難形容。舉頭遥望天台路，赤城霞氣横天東。神仙之説未必無，但恨凡胎濁質難相逢。

東柯谷 近桃源　陳明復

天台山裏東柯谷，風景依稀似武陵。花氣曉蒸桃塢日，茶煙清裊石橋冰。仙房瓊舘居深處，翠壁丹梯接上層。晝日尋幽窮勝絶，靈芝珠草露華凝。

吴宗助

東柯谷裏小桃源，琪樹瑶花别一天。石室有書傳父子，金庭無地不神仙。山頭鶴馭賓朝日，洞口漁歌度晚煙。仙子抱琴歸故隱，紅雲曾侍玉皇前。

流花亭　高　述

翬簷臨古岸，玉砌近重闉。指點尋仙路，留連勸酒人。水流還似舊，花落又逢春。客到此庭下，眷言休問津。

章　憑

亭傍得佳名，山嵐擁樹闉。風流傳晉客，談笑憶秦人。水出桃源路，花浮洞府春。未慶迷俗駕，行處是通津。

陳與京

丹艧依巖壁，翬飛枕碧闉。應教臨水客，頻問種桃人。野色低籠日，溪光長占春。仙槎消息便，咫尺到龍津。

俞純父

山溪窮洞府，江岸繞樓闉。曉艷常迷客，飛香尚襲人。憑高能賦遠，祖別重傷春。莫惜雜歌醉，曾聞上玉津。

廣嚴寺

陳　宏字廷受，號竹牕。

疊嶂重巒勢欲吞，紫雲白鶴護僧門。雙溪流繞山菴路，萬樹陰連水竹村。貧媪有緣鍾尚在，榮師無礙骨長存。我來不盡登臨興，援筆題厓拭蘚痕。

季　全

谷口煙霞自吐吞，清風招引入空門。三千佛境非凡界，五百鐘聲出遠村。終古高僧枯骨舊，至今尼婦一錢存。詩人去後青山在，雨過丹厓濕蘚痕。

潘日升字益遜，號石橋，封編修。

年來遥憶廣嚴清，此日登臨不盡情。蜕骨千年猶樹跡，貧鍾萬古尚遺聲。山巒崒嵂猿猱嘯，雲谷幽棲鳥鵲鳴。回首空門獨惆悵，殘紅落徑馬蹄輕。

登千佛山用韻　潘瑊

會佛山前雲霧吞，清遊九日到空門。菊花未放三千界，霜葉先呈五百村。萬劫了緣從古在，一錢留異至今存。明朝再喜天開霽，危嶺登登斧鑿痕。

盧濬

水色華容事事幽，銅駝難隔世沈浮。馬蹄自愛春風路，不爲看鍾更上樓。

潘淵

迢遞來山寺，斜陽照遠村。寒鴉飛碧暗，微火近黄昏。羅漢真形在，貧波古鑄存。安排詩句法，松月又當門。

蔡宗堯

廣巖逾十里，凝望夕陽間。鍾韻貧波跡，師留入定顔。樓空横翠濕，僧共白雲閒。晚吹聞人語，猶疑别有山。

夏　垍字宗壽，號拙誠。

一蹇扶衰至寶林，幽岑松竹自蕭森。貧婆名刺鐘聲遠，古佛光垂福地深。霞爛碧天秋有色，月欹青嶂石生陰。棲遲半日僧清話，嘘拂塵凡四惡心。

夏　鑑字德朗，清河訓導。

錢鍾僵骨現叢林，四畔依依竹樹林。寺古斷碑荒蘚合，僧閒空院落花深。層層松徑全無暑，疊疊雲山半是陰。憐恐清遊天亦妬，石梁雙闕又關心。

寒巖　寒山子

重巖我卜居，鳥道絶人跡。庭際何所有？白雲抱幽石。住兹凡幾年，屢見春冬易。寄語鐘鼎家，虚名定何益？

登徒寒山道，寒山路不窮。溪長石磊磊，澗闊草濛濛。苔滑非關雨，松鳴不假風。誰能超世慮，共坐白雲中。

可愛寒山道，而無車馬蹤。聯溪難記曲，疊嶂不知重。泣露千般草，吟風一樣松。此時幽徑處，形問影何從？

欲得安身處，寒山可長保。微風吹幽松，近聽聲逾好。下有班白人，喃喃讀黄老。十年歸不得，忘却來時道。獨卧重巖下，蒸雲晝不消。室中雖暡靉，心裡絶喧囂。夢去遊金闕，魂歸度石橋。排除鬧我者，歷歷樹間瓢。

寒山多幽奇，登者皆恒懾。月照水澄澄，風吹草獵獵。凋梅雪作花，杌木雲充葉。觸雨轉鮮靈，非晴不可涉。

一自遯寒山，養命飡山果。平生何所愛？此世隨緣過。日月如逝川，光陰石中火。任你天地移，我暢巖中坐。

自樂平生道，煙蘿石洞間。野情多放曠，長伴白雲閒。有路不通世，無心孰可攀？石床孤夜坐，圓月上寒山。

洪　适字景伯。判台州。官至右僕射，謚文惠。

峭壁插青冥，層厓覆化城。空中清磬發，幽處慧燈明。萬瓦是雲氣，千簷無雨聲。豐干不饒舌，此地孰知名？

楊維楨

渾竅何年鑿六丁？高人宴坐雨花平。僧從重寶闕神蹟，人在九霄聞嘯聲。飛勢欲隨雲氣動，慧光不待月華生。寒師擘石誰留袂，自是閭丘骨未清。

丁　可字無可，號蟠廬。

大塊中間一竅開，佛龕僧榻遍巖隈。群峰争汎玄雲出，絶磴秖容幽鳥來。蝠穴巧藏人世界，鰲山驚見蜃樓臺。重來又與山僧别，鐘鼓無情鶴自哀。

郭三益

道人棲碧山，雲居在空曲。十年海潮音，外物緣已熟。時攜貝葉書，步入深林讀。宵眠護神虎，晝引穿花鹿。庵中三昧語，藥我貪嗔毒。何當脱雙舄？藜杖追高躅。

許　嗣字繼可，號得静。

我遊明巖到寒巖，路逢坂峻山復山。淺溪東分入幽徑，青松半覆長溪灘。松根蹋雲數百步，始見殿閣層壁間。殿壁巍巍一何好，熊虎踞伏蛟龍盤。雨聲不到四簷静，千巖萬壑相迴環。翠氣盤空白日濕，碧泉瀉澗春風寒。登高浩觀天宇内，寒拾茫茫去無還。問之遺像不我答，拊掌長嘯心自閒。欲歸不歸更何代，宴坐石上空盤桓。

潘　漢

寒拾當年度此閣，高風千載許誰攀？日空天下難容足，地盡江南試一看。踈雨欲來山谷暗，紅塵不到洞門寬。看棋未許樵夫入，借與先生半日閒。

王　爌

明巖興盡又寒巖，十里嶙峋帶客衫。幽討未窮山裏勝，只看路徑已非凡。

竹杖穿雲入上方，天開小有作禪房。寒山一去無消息，町疃于今見鹿塲。

黄　綰

長憶寒山隱，今朝訪爾登。白雲猶抱石，青壁自垂藤。洞闔苔痕上，天垂雨氣騰。即看塵世遠，彷彿我來曾。

許貝瞻字廣大。鄞縣尹。

幽尋入藤蘿，谷轉樵徑少。夕陽度遠岑，鐘聲出林杪。陰風吹空壑，招提極深窅。中有茹芝人，冥搜事幽討。揮手謝時人，高蹈群峰表。石床思舊游，春林忽啼鳥。夜來山雨多，岧嶢落清曉。

夏　銑

天開絶壁通幽賞，葉妬殘紅滿寺秋。竹徑掃空迎有鶴，山風吹客禦無裘。瞑花香霧禪窗静，鐵獅金蓮梵宇幽。看到白雲眠去處，不妨衣袂濕靈湫。

潘日升

曾聞仙跡寄寒巖，獨步蒼崖仔細攀。雲鎖鵲橋天漠漠，風迴龍窟水潺潺。蓮花亭外啼青鳥，禪榻山前走白鷴。我欲尋真還洞府，不知蓬島在人間。

潘　瑊

洞門樹頂人來往，瀑布雲深龍獨眠。上下竹房僧打睡，數聲猿嘯碧山寒。

瓊臺別客

我遊寒巖正徂暑，松風颼颼涼如洗。石洞頓覺毛骨清，流沙斷石生绿芑。洞裡白雲出未歸，洞前老衲睡初起。九天曉曙露花香，隔岸幽禽向人語。

聽　泉仙居人。

天留境不人寰似，古洞高摩煙靄中。畫壁有厓先我立，莓苔無路屬誰通？雲封野徑僧閒幾？翠滴長松鶴到重。自計斷難孤此坐，管將消息付春風。

陳　機字永奇，號烏石野夫。

冰崕萬疊絶塵封，古洞幽深寒拾蹤。畫色鮮繁花映日，珮聲零落竹敲風。幔途錦褥霜秋葉，跨澗金橋雨霽虹。老鶴歸松人静後，澄澄月色滿崆峒。

宿寒巖　別羅沙

朝發赤城山，暮抵寒巖宿。飛瀑灑長松，清風動脩竹。人行古徑苔，僧住懸崖屋。寒拾在何許？白雲滿幽谷。

洪　适

載驅殘月路，奔宿暮雲端。衣被松風濕，樓臺石氣寒。道心長慕遠，山勢似歸盤。相對言無盡，青燈惜夜闌。

晚過寒巖　曹一介字筠軒，號有竹。

草樹含秋浄，寒山著晚過。日光留半壁，泉響落深蘿。野路門前改，僧房火後多。十年無廢事，塵劫更如何？

題寒巖寺壁　潘　淵

雲盡泉窮忽此峯，古崕明滅總吟蹤。銀河橋接牛郎近，玉洞人來鶴使通。松落露時僧入定，竹房開處月當空。明朝不盡淹留屐，恐悮蒼生憶謝公。

寄　題　陳憲章

人在寒巖未覺尊，至今傳者漫消魂。可憐駐馬巖前客，驚見當年石罅痕。元亮藏脩雖栗里，武陵信息想桃源。江邊忽送天台使，一曲棹歌煙水渾。

寒巖洞　潘　禎

常疑混沌本無痕，萬古誰通此一門？天造也知非斧力，我來驚別有乾坤。諸公洞裡穿雲入，太極圈中坐石論。却笑白雲攜不去，作亭期與老僧分。

寒巖觀泉　袁　濂合肥人。

百丈懸厓瀉碧流，蒼龍噴沫下雲頭。廬山瀑布難專美，掩映斜陽豁兩眸。

題晏坐石　太史章

白雲曾罩定中身，石上歸雲不見人。應有山神長守護，松風時爲掃埃塵。

石端誠

飛流噴雪散層巖，瓴水無時瀉屋簷。客夢夜回疑是雨，起看窗户有明蟾。

曉發寒山將至河胤　曹一介

曉氣漫漫山欲浮，竹筏渡水輕於舟。恠看虎跡屯霜在，想見龍腥帶雨收。

將至明巖　夏鍭

金蓮花下竹輿小，玉獅子前蘿徑幽。逢著樵夫問何事？白龍眠處不曾游。

行子總回鞭。

明巖　洪适

路轉標霞外，雲開綬帶前。幾層山裏屋，一線竹間泉。洞口石孤聳，巖頭峰倒懸。故應風雨際，

王　衜字夷仲，紹興人。校書郎。

自古懸厓深蔽日，此心圓鏡本無塵。會知明暗非關石，便是巖中得道人。

許　嗣

昔人已去今幾年？空留遺跡青山傳。巖前幽石巖下屋，飛索百丈流玉泉。泉聲瀟瀟瀉蒼雨，雖有白日無青天。試登絶壑窮遠討，石門天柱相勾連。空壁玲瓏隱虛籟，懸厓一擊雷轟然。昔嘗愛慕如飢渴，我今偶客留潢川。春風啼鳥二三月，白花翠竹争新鮮。杖雲履石走不息，濕羅無路難扳緣。八寸關前一長跳，黄猿啼落青松煙。

沈　鎧江西人。大理寺評事。

削壁巉巖氣勢尊，況多神巧駭人魂。兩儀本有鉤鎔力，一望都無斧鑿痕。雲起山腰疑華岳，水流洞口認桃源。不知碑石何朝代，半寸青苔篆刻昏。

夏　鍭

山圍十畝地，仰面見青天。我來三出日，只看一隤泉。丹壁從飄拂，銀河與接連。自將分硯水，留姓白雲邊。

一箇飛泉寺，千回亦不妨。扶藜石氣冷，到地水絲長。酷愛拋朱紱，頻來信紫鞭。石梁嗟可僢，東望隔天光。

王　爌

雨晴平度石橋西，夾路青山快馬蹄。忽聽鐘聲出空谷，始知行裏有招提。

空山棟宇不知年，青壁丹崖護法筵。步入空明最深處，忽從巖罅見青天。

悲歌落日蒼。

黄　綰

重巖足幽勝，地静白雲長。繡壁留冠冕，青天下珮璜。蓬島望中近，琪花坐處香。不見寒山子，

趙　永字子洪，號松石。

步入松關萬慮空，超然一境趣無窮。兩崖蒼瀑飛寒雪，一徑碧陰横古松。老鶴夜歸霜葉墜，斷碑春老雨苔封。掀鬚拂石留新句，煮茗丹爐掃落紅。

巢雪野人

欲寫新詩著筆難，試尋新料扣禪關。白頭知有幾時樂，清境因偷半日閒。西崦烏啼雲樹裏，東房窗啟半崖間。一橋鎖斷空門勝，不放閒雲過别山。

聞　式

半載無新句，雙眸又舊游。山高天自小，雲鎖地偏幽。煙弄人家晚，蛩吟古砌秋。豈無寒拾子，

不復有閭丘。

夏　堡

千古閭丘跡，遊人幾度過。題詩羞拂蘚，巖面見人多。

裘　環字國鳴，號味川。

八寸關前方竹根，原來物外有乾坤。陰沉穿洞疑無路，旋繞通宵更有門。窺飯鳥迴霜葉落，聽經龍伏海雲屯。石瀾萬頃清光滿，野老時時許共分。

潘　漢

天台幽境足閒遊，緩步重登再上頭。巖縫龍煙和玉粹，山腰仙跡伏雲收。懸厓聯嶂入應闢，削石凌空地欲浮。頓覺靈襟更瀟灑，此身今日到楊州[二]。

校勘記

[二]胡按：「楊州」按現在習慣當作「揚州」，而昔人書寫習慣從木、從手之字每可渾通而不嚴格區分。如括蒼山之「括」又寫作「栝」，即其例也。

夏　銑

涼紫漸吹寬朗好，空文何用遞微聲。瑶峯鐵壁一聯瘦，露鶴霜猿兩事清。滿壑秋光涵水石，半空巖翠滴簷楹。青心不厭頻來往，八寸關前幾度情。

陳　綺

侵曉呼童束蔽裘，明巖深處作遨遊。翠環山擁千重起，泉落溪分百派流。入夜風寒潛虎豹，經冬日煖叫鵂鶹。天台自是神仙宅，不是神仙可住不？

楊　春字一元，號静學。

穿雲曉徑入蒼苔，八寸關由鐵壁開。天向壺中行日月，僧於雲裏著樓臺。尋真仙已登真去，愛景人從好景來。莫慮塵寰無勝地，此中剛是一蓬萊。

謝少南

山勢抱層城，重關儷自成。碧峰何委折，金刹忽虚明。空洞孤巖障，清池方竹生。壁留高士影，百世亦含情。

謝　瑜

路入深雲深更深，空山取譽費招尋。前脩爲著煙霞相，巖石中間住此心。

潘日升

曉行十里劍光寒，今古名山第一觀。天柱纏蘿沖漢碧，井泉通海吐霞丹。兩巖擁刹分獅象，一線穿陽隱鳳鸞。試看崖前曾駐馬，還留遺跡點苔班。

吴　序

小雨連朝發，遊人興自高。空濛壯山色，飛瀑浥塵囂。野樹青猶滴，巖花艷轉饒。雯時雲氣薄，紅日渡溪頭。

遊明巖和韻　許　載

台嶽南來獨羡奇，乾坤藏設豈人爲？陰遮六月涼生早，影礙三竿日上遲。形勢水齊天地老，清幽消盡性情疲。諸公昨翫題崖壁，千古紗籠爲寶持。

和沈大理韻　王　鐶字崇重，號松軒。工部員外郎。

山壓諸峰勢獨尊，嵐香晴翠逼吟魂。恠松直倚崖千尺，老桂雙篩月一痕。鳥道嵌空横絶頂，龍湫飛瀑出深源。仙人已去無消息，巖畔遺蹤蘚半昏。

越絶東頭山更奇，石廊雲竇自天爲。何年鬼鑿劈開險，此日羲皇輦上遲。使客留題知句好，老僧出定覺神疲。升崖擬作擎天柱，六合乾坤赤手持。

初夏遊明巖　潘　瑊

寒拾人間寺，衣糧事未塵。笋長山近夏，鶯老谷移春。瀑灑初蒸水，僧迎舊浴人。白龍頭上作，雷雨一番新。

秋宿明巖　潘　瑊

竹崖繫馬鶴飛還，老鹿夜鳴客到山。布衲迎歸風滿座，蒲團坐久月當關。少羅酒琖秋聲作，大放吟顛夕氣闌。墅下研臺三日裏，狂夫題詠不曾閒。

明巖避暑　潘　瑊

寺傍溪山十里長，洞中疑是白雲鄉。陰林竹徑參差入，蒼翠藤蘿次第張。乍到便忘懸酷日，坐來渾覚凜清霜。平生蹤跡兩巖半，接瀑烹茶止渴腸。

中秋明巖觀月　潘　瑊

一夕嬋娟一歲關，明巖化作水精山。銀河萬丈潤天下，寶鑑千年開世間。老子絶無塵土氣，頭陀自有永鉛丹。酒罇看到月華後，洞口紅光海日還。

明巖值河雨　潘　瑊

幾日天無雨，秋頭正亢陽。葉聲入耳爽，竹色映心涼。河順豐隆喜，流增瀑布長。雲開還晚霽，山月夜蒼蒼。

題幽石　太史章

瘦疑神所鑿，不與衆石俱。鎮地形何直，參天勢自孤。鶴棲喬木穩，猿攬古藤龕。欲得丹青手，和雲畫作圖。

望飛泉 太史章

既晴安得雨霏霏？不道流泉落翠微。側帽試看強引處，破煙千點濕人衣。

水　索 石端誠

籜龍何用更横空，一線長繩引水通。頃刻能周清浄供，漢陰端謝桔槔功。

觀音草 夏　鍭

西來小草等蒿蓬，天地生時别有功。恠見著根泥土外，只須水石養青叢。

寓仙樓 潘　瑊

寒拾當年此寄身，幽光千古動儒紳。龍眠鼎畔金丹曉，猿弄堦前玉樹春。几席不留塵世物，笑談惟有洞中人。閭丘疋馬來何遽，更築危樓好問津。

寒明路　夏鍭

騎馬印晴沙，兩巖如兩衙。連山四里地，流水幾人家？石麟遊碧落，金鵲厲枯槎。寒拾藏脩者，千年我不邪。

寒明巖　陳　衮字廷章，號蘭坡。本縣知縣。

躡屐重登山上山，白雲深處老僧閒。濛濛花雨四時潤，灑灑松風六月寒。古洞高明饒廣廈，上方清絕出塵寰。日斜未盡登臨興，緩著歸鞭倚醉看。

峭壁雙開八寸關，關前下馬自躋攀。深深空洞和雲躡，細細飛泉作雨看。仙跡渺茫苔蘚合，靈襟瀟灑海天寬。驅馳吏事徒勞爾，却羨禪房晝日閒。

平生性僻好山遊，石磴躋攀最上頭。香氣盡隨花雨到，炎威端爲竹風收。丹崖透逼青霄聳，绿樹陰連紫殿浮。極目南天親舍遠，又教回首望神州。

吴　教莆田人。本學掌教。

石洞穿雲出陟岡，風光滿眼自相忘。于今世上乾坤窄，自古仙家歲月長。著屐原來追謝老，食桃何必問劉郎。興來欲與山僧借，半畝松陰結草堂。

聞　式

森森寒翠護禪關，老脚於今始一扳。崖勢頹然驚我到，山靈幻出與人看。飛流頓洗塵懷浄，空洞能容詩思寬。便欲巢雲來住此，半生贏得箇中閒。

得到名山不負期，老僧出定鶴歸遲。崖巔樹色連霄漢，洞底泉聲斷碧池。鳥自静中啼更好，花於清處看來奇。山靈逞巧非無意，要索遊人一賦詩。

丘　嵩

好山多在浙西東，疊疊峰巒千萬重。翠石寒巖遺勝槩，白雲古洞著仙蹤。天寒亦自有人到，地僻只疑無路通。奇秀滿前看不足，登臨幾度見神工。

朱　清本縣知縣。

寒巖纔過有明巖，兩寺得名一箇山。深鎖洞門人跡遠，拾寒一去杳無還。

魯　諫

幽境閒來我獨攀，嵯峨白石裏禪關。幾經塵劫存孤寺，一斧何年鑿兩山。古洞逢春枯木杪，寒崖噴雪瀑泉間。若教鄭老重相過，三絶題成詩畫還。

盧　濬

天地藏無盡，神仙事有憑。泉空寒玉濺，洞古白雲凝。蔫屐須瑶草，緣崖看異藤。閭丘焉得暇，疋馬觸崚競。

德　榮

重山重水鎖禪關，欲上明巖次第攀。仙跡渺茫人莫辨，古碑剥落字難看。飛流灑灑千尋碧，邃洞慳慳百丈寬。世外紅塵那得到，老僧長共白雲閒。

徐　商

二巖奇絶處，著我一清遊。笑落乾坤外，題詩蘸碧流。

潘　夔

巨靈何年戲太劇？削斷塵壁開青天。一笻柱到洞幽處，萬古信好家神仙。群木渾連翠杳杳，一泉飛下寒濺濺。嗟乎我始一來跡，秀爽逼人難爲言。

插天青壁翠欲倒，迸空籃泉寒自飛。疾徐風來響不一，冷澹月照光常宜。秀色成堆明可掇，高情無盡寂誰期？自非天借絶特象，得得幽人一散之。

謝少南

未宿寒巖寺，吾生非世緣。氣涼天欲近，山遠地應偏。咫尺飛仙洞，繽紛濯澗泉。香林不須擇，隨處可栖禪。

宿寒巖　謝　瑜

丹梯萬丈白雲緘，躡勝情陳許獨欒。定後似聞天上語，道人今夜宿寒巖。

戲題寒明　賈　恒

三日清遊口似緘，青山不笑也須慚。臨行説與山靈道，未敢輕輕瀆兩巖。

七夕宿寒巖　潘　瑊

林壑峰巒秋萬重，杖黎來宿白雲中。寒山喜有鵲橋駕，瀑布驚看河路通。織女去年悲闊別，牽牛今日笑相逢。老夫一拙已成癖，看破人間兒女叢。

科第後再遊兩巖和羅先生韻　王　鐶

直上寒山第一峰，巖房猶有舊遺蹤。十年燈火心應苦，萬里雲霄路始通。鶴別古松橫遠漢，龍隨飛電入升空。石廊留得紗籠句，唫對孤崖憶此公。

登天柱山　羅適

孤峰插太清，天柱此垂名。造化工成後，乾坤賴不傾。夜星千拱小，秋漢一橋横。欲問登臨處，重梯四面生。

登合壁嶺　潘瑊

草鞖練巾竹隥重，獨來合壁領秋容。老松眠壑藤蘿亂，怪石插空苔蘚封。萬片白雲低著足，半輪紅日下平胸。徜徉還望青天外，時見參差三兩峰。

晚過石師嶺　潘瑊

嶺外行雲雨跡留，酒容馬上涼風收。竹斜柳亂黄昏静，鈎月掛在松稍頭。

方山　夏鍭

認冠緇巀巀，呼幾玉亭亭。不見巢雲子，寥天虚翠屏。

潘　瑊

九日登臨興偉哉，山靈如喜我重來。盈空霽色迎詩句，滿目秋容入酒杯。午饟不緣佳客至，菊花端爲病夫開。他年絕頂茱萸熟，落帽還應走幾回？

永福寺

夏　鍭

雲深渾不辨東西，到處垂蘿手欲提。一面好山煙隴澹，幾家茆屋竹墻低。林間過馬披空翠，寺裏留人飯白薺。三度竹輿奇石下，許多詩景不曾題。

寶興寺

夏　鍭

下井藤爲繘，升天翠作梯。鳥呼青雨歇，僧語紫霄低。

無相寺

夏　鍭

和尚繩牀好，先生木屐遲。空階坐到晚，看竹不題詩。

水陸寺　夏　鏃

説寒蒼帶雪，按煖緑生煙。山中閒撫掌，看竹寺門前。

普聞寺　魯　昇

上人方外侣，身似白雲閒。坐石依松蔭，觀泉啟竹關。久來無相寺，長憶普聞山。此日歸飛錫，林端一鶴還。

夏　鏃

路從明石發，山比寶林紆。入寺疑無主，逢僧却有鬚。

登九里寺　夏　鑰字德文，號南川。

碧松白鳥高人意，紫蔓蒼蘿石磴遥。樽酒壯心猶未已，翠微寒寺再相邀。忽聞山雨平橋漲，喜看山田種藥苗。老我不妨談笑足，何人煙霧灑征袍。

寧國寺　洪适

幾日山南北，將期汗漫遊。水痕秋雨過，竹色曉煙收。宧海何時了，僧房爲小留。却尋歸去路，餘興漫回眸。

聞　式

幾遊寧國寺，欲扣攝生方。晝静僧初起，窗回蜂自忙。松林留日影，草徑惹風香。露濕苔痕滑，歸來屐半蒼。

王　玠

寧山山下平陵好，光霽隨身懶自登。绿樹斜陽千古興，白雲流水一生心。

寓寧國寺和張齋紫陽亭韻

潘日升字益遜，號石橋。封編修，新昌人。

西飛寶蓋氣横秋，不是浮生孟浪遊。樹影參差連漢表，山光晻映入溪流。星分地脉蛟龍窟，雲擁樓臺草木幽。自信丹霞歸興晚，欲招白鶴問秦劉。

題寧國寺十全堂　方洵武

盧扁不世出，死生非在人。草木孕妙理，金玉潛至神。用之固有序，品制非君臣。世之挾術者，不啻空中塵。悉以利自售，幽枉何其伸！韜公藥之師，所得無非真。構堂備觀寂，榜墨如堆雲。再味維摩言，深閲芭蕉身。我病衆生病，當推病之因。諸幻起諸妄，勿藥常欣欣。

張景脩

醫莫以人試，藥能生死人。十失爲一次，望而知爲神。嘗聞秦醫和，診君知其臣。豈無肘後方，埋没如埃塵。韜師以愈疾，猶如臂屈伸。華佗醫之良，思邈醫之真。誰能不服藥，一一如朱雲。斯堂名十全，全人亦全身。方公諳藥性，勇退蓋此因。金玉不足寶，人生系悲欣。

開巖寺　楊維楨

我遊寒拾窟，尚遺尊者巖。重尋赤松子，來話青州杉。巖上人已去，長臂衣無襤。天花等落葉，化作塵土凡。惟有巖下樹，閲世如彭聃。我來秋正中，兩剡新如鑱。天娥約天女，雨我花毿毿。我心久禪寂，泥絮不可慘。擘開生老巖，始見優花曇。不須紫陽術，來記梁伽藍。

曹文晦

一個長松在，入門先自清。舊題猶在耳，重刻豈勝情。傑閣依巖出，幽泉繞竹鳴。老來多古意，長記散花名。

盧龍

遥望叢林杳靄間，巨靈擘斷孰能扳？半崖下構三間屋，一水分開兩面山。衲子清閒關竹塢，遊人疲倦扣松關。山花是向人舒笑，老子吟餘覽轡還。

陳衮

石壁神功鑿半開，數椽丈室倚雲隈。好山崒嵂青無了，古樹參差翠作堆。採藥謾從幽徑去，觀泉應過小橋來。清霄借宿禪關上，風度花香月滿臺。

和韻

周球號竹池，海門人。

誰擘芙蓉一瓣開，禪關深夾此雲隈。招提甜耳名千古，松浪飜空滚一堆。雲爲僧閒長不出，鳥知客好却飛來。公餘隨處作清夢，身外何須覓釣臺。

李　潤字邦滋，號秋月，臨海人。

石洞潭潭門未開，清虚幽窈碧山隈。迨堦瑶草鍾千古，滿地白雲成幾堆。樹緑長凝春色在，山深不見俗人來。風幡不動爐煙定，世外誰知有玉臺？

潘　瑊

普通誰信擘巖開，法界禪林倚石隈。春暖白雲能作陣，秋深錦樹易成堆。山空木末哀猿落，海闊天邊瘦鶴來。僧愛客清談話久，日斜忘却施生臺。

朱宗乾字尚清，號月梅。

石壁當年鑿已開，好山高聳白雲隈。尋幽訪古遍溪繞，流水飛花滿徑堆。月照山房僧入定，雲封松頂鶴歸來。閒吟疋馬江湖客，贍有心如明鏡臺。

明　統

壯眼清憐何處開，開巖巖畔萬松隈。山分濃澹畫初列，春織綺羅花自堆。前古遠公盟尚在，千年陶令此重來。大觀不盡題詩意，笑指閒雲護講臺。

大　範新昌石佛寺僧。

聞説開巖手擘開，普通尊者隱巖隈。移來佛窟天垂蓋，現出竜宮雲作堆。覽勝何妨佳客到，品題偏喜美官來。青鞋布襪須容辨，有約參玄扣講臺。

禪林寺　釋無可

台山朝伕隴，勝地絶埃氛。冷色石橋月，素光華頂雲。逺泉和雪溜，幽磬帶松聞。終斷遊方念，爐香繼此焚。

避暑禪林草堂　潘　瑊

寺隱山空層拱好，堂涵高蔭亂窗涼。坐來不覚人間夏，野鳥聲中白日長。

宿禪林寺枕雲樓 潘 瑊

雨從天面生，雲自山中出。夜來樓上眠，如入蛟竜室。挾纊身不温，紛紛問餘溢。況當三月殘，窗外螻蟈疾。我醉朗吟哦，主人獨趺膝。謬以痴朽才，曠古真豪逸。誰知天地間，升沈與得失。飄然遠塵囂，任意頗作述。十日九日遊，有興便揮筆。余睡不回言，鐘聲起禮佚。曉光白滿牀，朱拱多虛隙。獨坐捲簾看，東方上紅日。

曉 山 雷 燁

晚山遥見赤城霞，近遠人煙四五家。昨夜不知何處雨，滿溪流出碧桃花。

題茆溪橋 羅 適

京城濕墨遺相知，夢繞天台四散飛。記得小橋田上月，五更河露濕人衣。

九月清溪道中 曹文晦

老樹依沙岸，柴門上下隣。斷橋歸郭路，細雨過溪人。白鷺雙飛去，黄花數點新。惜無遺世客，聯句坐苔茵。

清溪（三首）　魯　穆

清溪之水清徹底，名不虚成良可喜。洗濯冠纓期日新，瑩潔心神當自比。憶我别往五六年，涓涓依舊無渣潭。借問陽侯何爲爾？信有源泉來不已。

溪上芙蓉含奇英，溪下茶蓼争紅榮。烏鬼哂翼欣自得，白鷗苦飢眠欲驚。惟有滄波不世情，東流如舊聲泠泠。物色生態何不類，我懷感慨徒纏縈。

溪上安流常溶溶，不須匏瓠來往通。算過西江虎溪渡，平異北徐吕梁洪。上有隔岸桃花林，雲是劉阮遺仙蹤。桃花不從白雲深，我欲訪之安所從？

水南（四首）　林　憲

小雨淒暮春，入夜寒更作。泠泠竹間風，振我衣裳薄。野田鳴流泉，蜜樹紛翠幄。躡屐徐我行，長懷付寥廓。

懷古不知寒，洗心忘百憂。怡然方寸地，得與聖賢遊。南澗兮雲幽，彼紛紛兮何之？兹盤兮吾留。

春雨暗前山，春雲行遠林。月落鷄犬静，惟聞梁父吟。巍巍兮高山，泠泠兮好音。誰聞梁父吟，惟恐山不深。

夔臯不著書，周台不決科。端坐廟堂上，四海稱太和。此道固如是，後來技藝多。嗒然空山中，獨抱明良歌。

闌法寺　夏鍭

青鞵白路出門閒，便濟深溪望遠山。滿地野香隨手過，一潭晴影看雲還。

黄花細路到深山，只憶書帷在此間。鳥唤樽前山雨歇，人歌伐木不知還。

山屐野風今日宜，合將朋輩共忘機。黄花細路相招引，绿酒清歌雨後歸。

玉笥峰前雨過溪，靈龜巖下路無泥。謝家屐齒今朝動，若處風光一要題。

沙明水細渡江舡，鷺白鷗玄共此川。忘却百壺先準備，隔波呼取酒家錢。

姜　燁

繫船秋水上，看寺白雲涯。佛殿開山腹，僧房對樹衙。林庖炊錦葉，魚案簇銀花。不覺留遲宿，歸來路兩叉。

夏　鑰

悵望村南寺，峯巒展畫屏。江橋新構穩，鷗鳥可忘情。蹔借青雲步，還同白髮行。明朝風日好，鐘鼓報新晴。

游孟奇

水南春色知多少，一望山花總欲然。徂復逡巡能幾月？涖官倏忽便經年。度逾馬腹笑溪叟，景菲鶴林聞杜鵑。周覽夕曛催返棹，朗吟身世即宦天。

和　韻

潘　瑊

南溪溪畔靈龜下，十里桃花春宇然。浄鉢雨餘初見日，優曇華發不多年。乘舟騎馬看回雁，穿竹透松聽過鵑。山水夜來開紫霧，遊人高興欲書天。

大覺寺　潘和道

避暑入禪林，蕭然清客心。半窗脩竹滿，一徑落花深。把酒看山色，移牀就竹陰。晚來欲歸去，風雨促新吟。

潘　瑊

十里波瀾兩槳來，駐帆傍岸興悠哉。深春野寺天新霽，近午山僧門未開。笑指群峰消雜病，坐聽一水送殘杯。欲籠袖窄何如好？問有漁竿下釣臺。

宿東橫山　許　渾

孤舟路漸賒，時見碧桃花。溪雨灘聲急，巖花樹勢斜。獼猴垂弱蔓，鸛鶴宿橫槎。謾向仙林宿，無人識阮家。

潘和道

東望横空峙半山，四時佳色照塵寰。黄金一榜秋霞裏，绿障千尋憂雨間。宣父若容來注眄，謝安未許得追攀。當時不敢驅湮海，留與江南作大閑。

横山秋月　曹宜約

秋氣横空宿雨殘，月生東皁影團團。天垂四野星河近，人□九霄風露寒[一]。折桂曾聞凌倒景，題詩聊復暢遐觀。遥知長嘯青光下，静夜山靈破膽肝。

校勘記

[一] 胡按：此句「人」字後奪一字。

遊廣福溪漲而回　丘嵩

公暇尋山寺，前途風雨催。欲聞溪上樂，竟作剡中回。幽意隨流水，餘情付酒杯。此行聊復爾，重卜幾時來。

廣福寺　潘　慎字永言，號巢雲。

何處溪山可縱眸？攜壺直上翠微遊。天開一鏡午光浄，雲鎖半簾春蔭幽。亂瀑瀉崕穿樹没，老花銜雨倚溪流。百年開此好懷抱，薄暮欲歸還自留。

發靈溪館　許　渾

山多水不窮，一葉似漁翁。鳥浴寒潭雨，猿吟暮嶺風。雜英垂錦繡，衆籟合絲桐。應有曹溪路，千巖萬壑中。

靈溪館　鄭　巢

孤吟踈雨外，荒舘亂峰前。曉鷺棲危石，秋苹滿敗船。溜從華頂落，樹與赤城連。已有求閒意，來期在暮年。

靈　溪　魯　穆

如環如珮漱清聲，曾爲高人每濯纓。自是古人難遠逝，石龍參契尚留名。

宿靈溪館　夏竦

剡東溪溜落，一派貫天台。白鳥蒙灘下，青山倚岸迴。波心晴景動，渡口晚煙開。咫尺通滄海，千帆自去來。

靈溪老松歌　盧士衡

靈溪古觀壇西角，千丈鱗皴棟梁樸。横出一枝戛樓閣，直上一枝掃寥廓。白石蒼苔擁根脚，月明風撼寒光落。有時風雨晦暝擺，撼若黑龍之騰躍。合生於象外峰巒，枉滯乎人間山嶽。安得巨靈授請托，拔向青桂白榆邊安著。

慧明寺　陳袞

古寺隔塵寰，周圍列好山。老僧出復入，飛鳥去仍還。水冽源流活，林深夏日寒。巡行爲民瘼，贏得一偷閒。

夏　鏃

午饟二十里，玉蘭東復東。小樓接秋葉，急蟲依夕風。篆香餘火在，筧木暗泉通。隔竹見西嶺，團團落照紅。

同王七墩大尹至慧明賑飢　潘　瑊

急荒由二麥，王政可忘情。鳥語過人語，泉聲奪竹聲。夜凉山月落，夏静野陰横。信宿清虚地，塵凡夢不生。

石門大尹約遊宿東横先次惠明寺　潘　瑊

中都約我東横宿，更説惠明同午餐。松密寺深春日好，梅開琴古老夫閒。一樽酒散清侵骨，兩韻詩成喜動顔。十里馬蹄明日轉，一年發跡嘗青山。

登蒼山　潘和道

萬劫崔嵬鎮大甌，天垂孤嶼放清游。玄雲石面高低合，黄潦山脚斷續流。龍入秋深歸海若，鶴飛煙暝接丹丘。飈飈兩腋風生袂，看盡東南萬里秋。

歡嶴道中　盧　濬

宛宛踰平麓，冥冥歷翠微。煙林騰鳥語，雲石混苔衣。倦得肩輿穩，清便澗水肥。時悰空繫眼，誰憶謝玄暉。

題榔樹周氏壁　復古堂

秋入幽巖桂影團，香風日夕照林丹。應隨皇母瑶池曉，染得朝霞下廣寒。

金　壁

我來驚見舊家基，爲問當年富貴時。曾駐宋朝天子驥，壁間留下萬金詩。

斷　洞　姜　松號月窗。

古洞尋靈跡，捫蘿陟翠巔。兩崕陰白日，一竅露青天。坐石掃雲起，敲棊驚鹿眠。千年形勝地，今日見神仙。

寶華寺　丘　嵩

迢遞縣之東，嵯峨聳梵宮。兩峯横晚翠，一塔倚晴空。脒勝醍醐露，香飄菡萏風。老禪能好客，歸興復匆匆。

夏　鍭

顗師衣鉢在中台，茂也何人定惠該。已拚十年了山債，煙霞舊處不曾來。

龔　淵

上上頭來興倍濃，青山疊疊水重重。猿因性僻時偷果，鶴爲身閒日唳松。金碧宫臺重四拱，纓珠寶絡蓋三雄。也知中溜靈還在，勝地依然屬遠公。

秋宿寶華莊　潘　瑊

林轉溪迴山寺脊，埋雲楹棟結層碧。坐來月上夜沈飲，飲到露深秋槭槭。短笛數聲猿嘯松，孤鍾幾點蛩吟壁。禪房今日欲不眠，蹔作人間浪遊客。

獅子巖　張漁隱

有石蒼然出林藪，尾捲峰巔張巨口。仰天疾視踞畬溪，欲吼不吼走不走。

姜　松

怪石形何似？狻猊伏水隈。亂毛隨雨長，巨口向天開。氣吐三春霧，聲呼半夜雷。我來舒老眼，詩膽恐驚摧。

東安隱寺　周　振

迢遥石磴幾千重？紫翠繽紛隱梵宫。泉抱虎懷流自北，岡隨龍脉轉從東。苔碑僧榻無全畫，崖石仙遺有舊蹤。好景戀人成久坐，不辭歸路月明中。

資福寺　魯　諫

石澗吾聞久，于今偶爾觀。圖分埋玉裂，泉沸走龍蟠。崖樹陰長合，溪雲濕不乾。偷閒坐終日，忘却是忙官。

怪松圖贊

陸龜蒙

有道人自天台來，示余怪松圖，披之甚駭人目。根盤於巖穴之内，輪囷偪側，而上身大數圍，而高不四五尺，磊磈然，蹙縮然，榦不暇枝，枝不暇葉，有若龍彎虎跛[一]，壯士囚縛之狀。道人曰：「是何物，怪之如是乎？」余曰：「草木之生，安有怪邪？苟非肥瘠得於中，寒暑均於外，不爲物所崚折[二]，未有不挺而茂者也，矧松柏乎？今不幸出於巖穴之内，脞脆者則磔然其牙，伏死其下矣。何自奮之能爲是松也？雖稚氣初拆，而正性不辱；及其壯也，而力與石鬬。乘陽之威，悲己之軋，拔而將昇，卒不勝其壓。勇擁鬱遏，坌憤激訐，然后大醜彰於形質，天下指之爲怪木。吁！豈異乎人哉？天下之賦才之盛者蚤不得用於世，則伏而不舒，薰蒸沈酣，日進其道，權擠勢奪，卒不勝其扼號呼呶挐，發越赴訴，然後大奇，出爲文彩，天下指之爲怪民。嗚呼！木病而后怪，不怪不能圖其真；人病而後奇[三]，不奇不能駭於俗。非始不幸而終幸者耶？」道人曰：「然。爲我讚之。」讚曰：

松生陰隘，巖嶽穴械。病乎不快，卒以爲怪。擁腫支離，神羞鬼疑。道人嗟咨，援筆傳奇。或怪其形，或奇於辭。吾爲怪魁[四]，是以讚之。

校勘記

[一]「彎」，《全唐詩》作「孿」。

[二]「崚」，《全唐詩》作「凌」，同音得相假也。

[三]「人」，原作「文」，陸氏本集作「人」，前文稱「豈異乎人」，則是以松與人相提並論，故當作「人」。

[四]「吾」，原作「目」，本集作「吾」，是。

石澗奇松　蔡　潮

昨從華頂歸，幽尋轉深壑。緣溪見奇相，目眩心且愕。翔鳳銜九霄，游竜起溟漠。長夏冰雪凝，晴空風雨薄。鬱鬱歲寒姿，孤高非落寞。丁固夢難逢，秦皇封不著。蜿蜒天地間，造化相依托。嗟予歷九州，乍見情惕若。逢人語不歇，寄情詩有作。丁寧推一牧兒[一]，無端謾凌虐。

校勘記

[一] 此句疑衍一字。

興化嶺　朱思平字廷準，進士，翰林侍書。

石澗泠泠瀉碧湍，嵐光飛翠暮生寒。松頭老鶴歸來晚，露滴山窗濕未乾。

題靈康廟　章得象

白鶴何年入紫氛？空餘靈跡久猶存。巖崖暗鎖靈根老，堂殿陰連海氣昏。潮上神烏鳴祭鼓，夜深鬼火照祠門。遼天歸漢桑田事，應與麻姑仔細論。

章　憑

山邊清氣擁祥氛[一]，遺跡流傳漢史存。金殿已頒新號美，劍崖猶隱舊痕昏。據篬焚鼎驚魚市，浮蓋呼風過海門。千里陰功誠不淺，紛紛餘事豈須論[二]。

校勘記

[一]「氛」，原作「氣」，便與下句不押韻矣。而此詩與上首章得象詩大致屬於同韻唱和之作，故其所押之韻自當相同。據宋林師蒧等編《天台續集》卷中所收章憑此詩改。

[二]「須」，原作「頒」，係手民誤刊，《天台續集》作「須」，因據改。

紫陽神化處　夏　鍭

先生羽化已千年，喜建幽祠傍水邊。金鼎久封丹竈火，玉爐又起紫陽煙。鶴歸華表春常在，雲散西江月自懸。要識神仙原有術，不須長誦悟真篇。

黄　綰

拂盡黄塵度嶺還，萬峰迴合碧溪灣。天風吹起雙鳴鶴，道是仙人拔步關。我是玉門關外還，松鳴日落大溪灣。坐憶仙人紫金訣，笑開千仞白雲關。

施　瓘號誠齋。經歷。黄巖人。

紫陽化去竟忘還，妙入清虛無有間。玉宇深秋銀闕迥，死生關外復何關？

多少脩真煉九還，玄通不在永鉛間。長風控鶴今何在？　窣嫚蒼松滿石關。

跋勝蹟録

天台山水之勝溢古今，而薦紳仙釋之遊覽接踵天下，殆無了日。其間吟詠者雖多，而留於崕石者絶少，星散無蹤，嘻可慨矣。世遠人更，爲山水謀者無其人。余潦倒無成，足跡與山水密，一日，喟然曰：「是役也，我之責也。」因穿屐扶藜，更相登陟，剔蘚剥苔得幾首，壁間近留者亦得幾首。覽還，流庫中翻檢記誌編集，自唐而下至昭代及吾鄉之見在作者，淘沙掃葉，共得若干首，批點成帙。珹又不自覺形穢，除山水百詠外，亦録一二蠅附驥尾。嗚呼！前賢之留心刻意，匪得珹無以搜葺；珹之俚言蕪句，非竊前人無以疣贅。珹之有功於前人，而前人之垂拔於珹者豈淺淺哉！觀者幸以功過相掩云。

嘉靖丙午重陽日天台山中人梅壑潘珹跋

附録

褚傳誥纂《民國天台縣志》卷三三《高隱·潘瑊傳》

潘瑊號梅壑，嘗游陽明先生門，與鄒會元守益、吕狀元柟、王龍溪、錢緒山諸先生講明良知，交最善。嘉靖七年，有司以賢良薦，兩辭不起。太平葉良佩曰：「梅壑故奇詭士，裹糧行游天下幾三十年，卒無所遇而歸。」又言：「子行三十年，見人多矣。誰也麟，誰也鳳，誰也爲鴆鳩之佻巧？而使子卒無所遇合？」然則梅壑蓋亦不得志而自放者也。「石梁華頂峯頭酒，桐柏桃源澗底詩」，觀其所自詠可知矣。督學秦雅重之，顔其齋曰「台山高隱」。著有《天台勝蹟録》《山川昆蟲百詠》。

喻長霖等纂《民國台州府志》卷一一八《文苑·潘瑊傳》

潘瑊字子良，號梅壑，天台人。穎拔疏爽，爲諸生，習舉子業。既而曰：「非吾所謂文也。」逃於山水之間，爲古文詞以自憙。爲詩清新韶健，自得爲多。夏鍭《梅壑詩序》因台山多六朝唐人石刻，往往埋荒草間，人未之知，瑊盡搜剔爲《天台勝蹟録》一書。《台州外書》嘗兩辭薦辟。《萬曆志》其辭許大府詩云：「石梁華頂峯頭酒，桐柏桃源澗底詩。」秦提學顔其齋曰「台山高隱」，《康熙縣志》著有《梅壑稿》《夏赤城集》《山川昆蟲百詠》《重修天台詩選》。王爌《天台勝跡序》子鴻業，嘉靖元年舉人，臨清知州；鴻逵，史館中書。《萬曆志》

清王壽頤等纂修《光緒仙居縣志》卷一三《人物·宦業·林應麒傳》

林應麒（一五〇五至一五八三）字必仁，號介山，幼穎特，喜吟詠。爲文劌障洞幽，翛然埃坱之外。年二十，領嘉靖乙酉（嘉靖四年，一五二五年）鄉薦。十四年（一五三五年）成進士，授吴江令，邑多豪右爲民患，應麒下車輒收訊之。會御史荀如安按郡，應麒晉謁，荀端坐不爲禮，應麒徑長揖出。豪右乘間誣之，遂被劾聽勘。二十一年（一五四二），乞改教職，降授六安州判官，明年陞金溪知縣，二十九年（一五五〇）陞雲南提舉，三十年（一五五一）八月陞惠州府同知，嘗署郡事，厲精悉慮，竟日聽訟，剖枉伸直，迎刃而解，省鞭箠，厚惠恤，勤勸掖，格愚頑，藹然視民一體之意。三十二年（一五五三）爲巡按江西御史蕭端蒙劾罷。

先是，令金溪時，爲鄭副使世威屬稿，議革餽送牌坊等項，内引分宜、進賢二邑歲費六千金爲證，語頗激切，一時傳頌稱快，而大不懌於嚴世蕃、萬鏜二權貴，故諷端蒙文以他事，奉旨罷閒。

應麒弱冠釋褐登朝，人皆嘖嘖艷之。顧以才高不能下人，且疾惡過甚，凡勢炎灼天，炙手可熱者，必欲與之一擲。以此備嘗艱危，弗克展其用。

少嘗登王陽明之門，故終身推服甚至。萬曆癸未（萬曆十一年，一五八三年）卒，年七十八。著有《介山稿略》二十卷。

民國喻長霖等纂《民國台州府志》卷一〇五《人物傳》六《林應麒傳》

林應麒字必仁，號介山，仙居人。幼穎悟，喜吟詠，爲文嶄拔律卒，與時輩迥絶。《康熙志》每議論天下事，尚書應大猷試與語，答辯如響，反爲所拄，大奇之，引爲忘年交。應良稱「人倫鑒」，嘗爲第二女擇壻，一以妻李一瀚，一以妻應麒。年二十，領嘉靖四年鄉薦。十四年成進士，授吴江知縣。《林係枝撰傳》。縣多豪右爲民患，應麒至，輒收訊之。會御史苟汝安按郡，應麒晉謁，汝安端坐不爲禮，應麒長揖徑出。豪猾乘間構之，《康熙志》汝安大憾。太常李莆石致書令其託人請罪，應麒答以書曰：「内省不疚，得罪而去。如值飄瓦，如觸虚舟，碎首隕身，萬萬無怨。又奚請爲？」遂被劾。吏部侍郎歐陽石岡抗疏論救。聽勘數年，迄無左證，得降調。二十一年改教職，調六安州判官，踰月遷國子監助教。二十六年調泰安州判官。明年以山東巡撫都御史彭黯、巡按御史傅鉞薦，二十八年轉金溪知縣。《林傳》次年陞雲南提舉，尋陞惠州同知。《林傳》吏事精敏，剖斷如流。人贖有貧者，多蠲免之。嘗言「訟貴速決，留獄防民，吾不忍也」。歲餘，以母憂去。《廣東通志》服闋，將赴部，爲江西巡按御史蘇端蒙所劾。端蒙，潮州人，應麒同知惠州時曾委探其家不法事，銜之。詗知其令金溪時爲副使鄭世威屬稿，議革餽送等銀，内引分宜、進賢二縣歲費六千兩爲證，爲嚴世蕃、萬鏜所切齒，遂劾之以迎合二權貴意。《林傳》有旨罷閒。《林傳》應麒弱冠登朝，人皆嘖嘖艷之，顧以才高不能下人，且嫉惡過甚，以此備嘗艱危，弗克展其用。《康熙志》然雖放棄，繫心國是。遇大利害，輒與所知慷慨指陳，以示可用。《林傳》隆慶五年，仙居值編審吴時來貽應麒書，有官寺民田均爲一則之説。應麒以官寺田米與民田米起科懸殊，覆書力言不可。時來遂與當事定議：官户田三百當里長一，民户稍耗甚者歸併之，田去户存者開除之，僧田別立一

圖,不得雜編民户。於是户有定籍,賦無重差。應麒一書力也。《林傳》

少登王守仁之門,又因應良謁鄒守益,嘗與守益書,言:「四十餘年聽誦訓規,心皆未嘗有所疑逆。備遭頓挫險阻,頗能不爲所困,内省漠然,遂自倚爲得力。兹居田久,閉户觀心,將種種習根冥搜曲索,始覺從前祗仗口耳義諦,禁縛塵情,於一切弗逆境皆以頑空意識承接過去,便自認爲得力,實際誑己謾人,罪過難贖。年逾五十,前路相逼,朝未有聞,夕豈可死? 爲此悚懼,若涉淵水。」其暮年所得如此。《介山稿畧》年七十八卒,有《介山稿畧》二十卷。《林傳》

主要校勘書目

梁昭明太子編纂，唐李善注《文選》，中華書局一九七七年十一月版。

宋李庚原本，林師蒧等增修《天台前集》，《四庫全書》本。

宋林師蒧等纂《天台續集》，《四庫全書》本。

清彭定求等纂《全唐詩》，上海古籍出版社一九八六年十月版。

圖書在版編目(CIP)數據

天台山記 /〔唐〕徐靈府撰;胡正武校點. 天台勝蹟録 /〔明〕潘瑊纂;胡正武校點. —杭州:浙江大學出版社,2010.11
(浙江文獻集成)
ISBN 978-7-308-08124-5

Ⅰ.①天… ②天… Ⅱ.①徐… ②潘… ③胡… Ⅲ.①山—地方誌—天台縣—唐代②道教—寺廟—史料—天台縣—唐代③古典詩歌—作品集—中國 Ⅳ.①K928.3②B957.255.4③I222

中國版本圖書館 CIP 數據核字(2010)第 227946 號

天台山記

〔唐〕徐靈府 撰

天台勝蹟録

〔明〕潘 瑊 纂

胡正武 校點

責任編輯 王 晴
封面設計 俞亞彤
出版發行 浙江大學出版社
(杭州市天目山路 148 號 郵政編碼 310007)
(網址:http://www.zjupress.com)
排 版 杭州求是圖文製作有限公司
印 刷 浙江海虹彩色印務有限公司
開 本 710mm×1000mm 1/16
印 張 22
字 數 350 千字
版 印 次 2010 年 11 月第 1 版 2010 年 11 月第 1 次印刷
書 號 ISBN 978-7-308-08124-5
定 價 78.00 圓